新时代资产评估教材系列丛书〇〇〇

现代不动产评估

理论与方法

李国民◎编著

Modern Real Estate Appraisal Theory and Method

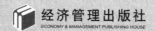

经济管理出版社
ECONOMY & MANAGEMENT PUBLISHING HOUSE

图书在版编目（CIP）数据

现代不动产评估理论与方法／李国民编著. —北京：经济管理出版社，2019. 12
ISBN 978-7-5096-6967-9

Ⅰ. ①现…　Ⅱ. ①李…　Ⅲ. ①不动产—资产评估—教材　Ⅳ. ①F293. 3

中国版本图书馆 CIP 数据核字（2019）第 301763 号

组稿编辑：王光艳

责任编辑：许　艳

责任印制：黄章平

责任校对：董杉珊

出版发行：经济管理出版社

　　　　　（北京市海淀区北蜂窝 8 号中雅大厦 A 座 11 层　100038）

网　　　址：www. E-mp. com. cn

电　　　话：（010）51915602

印　　　刷：唐山昊达印刷有限公司

经　　　销：新华书店

开　　　本：720mm×1000mm/16

印　　　张：14. 25

字　　　数：272 千字

版　　　次：2020 年 12 月第 1 版　　2020 年 12 月第 1 次印刷

书　　　号：ISBN 978-7-5096-6967-9

定　　　价：68. 00 元

引言 PREFACE

当人们进行不动产投资时常问"这个值多少钱",每个投资者都从这个问题开始。价值问题是投资决策的核心。价值是一个复杂的话题,因为它一部分是主观的,另一部分是由外部力量决定的。不动产作为一项重要投资,认识其合理的价值,是投资人应当关心的核心问题。

不动产是指土地、建筑物及其他附着于土地上的定着物,包括物质实体及其相关权益。不动产评估,又称房地产评估,一般是指对不动产市场价值进行评定和估算,并出具资产评估报告的专业服务行为。不动产交易通常需要评估,因为这种交易很少发生,不像证券每天都有交易,而且每一处房产都是独一无二的,特别是独特位置,这是不动产价值评估的一个关键因素。虽然不动产本身的位置难以改变,但是房屋本身的特征(房龄、装修、建筑质量)以及城市区位、周边交通、便利设施情况、市场发展趋向和政府相关政策调控等改变会改变不动产的价值。不动产评估报告的用途很多,如为交易双方提供一个参考价格,但关键用途在于办理抵押贷款、解决遗产和离婚、征缴不动产税收等。

不动产评估不是每个人都可以进行的,通常大多数国家都要求评估人员拥有执业许可证。如在我国,《中华人民共和国资产估价法》将评估专业人员分为评估师和其他具有评估专业知识及实践经验的评估从业人员,将评估业务分为法定评估业务和一般评估业务。法定评估业务应当由相应专业类别的评估师承办及签署评估报告,而对于一般评估业务评估师和其他评估专业人员都可以承办及签署评估报告。但是,根据我国相应法规,不动产评估业务,无论是法定评估业务还是一般评估业务,都必须由注册房地产估价师承办并签署评估报告。获得注册房地产估价师资格需要满足一定专业知识的学习和工作经历的要求,并通过全国性资格考试。

学习不动产评估,最为关键的是理解和掌握估价方法。根据我国《资产评估执业准则——不动产》的规定,应当根据评估目的、评估对象、价值类型、资料收集等情况选择合适的评估方法。与其他任何资产一样,不动产价值必须与其产生未来现金流量的能力相对应,最简单的衡量方法是以市场中其他类似不动产的价值为基础进行比较而得。但是,没有两个不动产特征是相同的,甚至存在显著差异，因此市场比较方法不适用于所有不动产。从理论上讲，一种更合理的方法是估算不动产的实际现金流量潜力，并以未来现金流量的现值进行估价，即收入法。如果没有可用的可比市场交易，并且很难正确预测未来的现金流量，则可以使用成本法，以重置成本对不动产进行估价。因此，不动产估价通常有市场比较法、成本法和收益法三种资产评估基本方法以及假设开发法、基准地价修正法等衍生方法。

　　但是，在大数据时代，随着计算机、网络和人工智能的快速发展，不动产批量（自动）评估成为可能，也是必要的。自动估价模型（AVMs）正在被越来越多的人接受，它依赖于统计模型，如多元回归分析、机器学习算法或地理信息系统。尽管在非常相似的地区使用时相当准确，但也有证据表明，在差别较大地区中使用自动估价模型并不准确，然而，最近出现的深度学习神经网络给自动估价模型带来新的希望。此外，计算机辅助质量评估（CAMA）也被很多发达国家的政府机构用来帮助建立用于财产税计算的不动产评估。CAMA 结合了计算机支持的统计分析，如多元回归分析和自适应估计程序，以帮助评估师评估价值。现有的教科书上较少介绍这些评估技术和方法。本书的一个特色就是在介绍传统评估理论和方法的基础上，介绍这些最新发展的评估技术，并重点介绍深度学习技术在批量评估中的应用。此外，本书对经典评估理论和方法的介绍力求简明扼要，并且紧扣不动产评估最新法律法规。

　　本书重点介绍不动产价值的标准理论与现代应用，包括评估的基本概念、定义、方法、应用和现代发展中的难题等方面。这有两个方面的目的：一是概述理论中的关键问题，介绍不同估价理论及其发展；二是为学习者提供一个较为完整的不动产评估的流程和实践指南。实践中，不同的理论模型会对相同的问题产生不同甚至互斥的观点。在这种情况下，如何选择合适的理论模型进行评估是一个难题，如何评价不同理论并进行比较更是让人们纠结。本书的一个目的就是试图为读者提供一套检验理论的模型方法，从而为其不动产评估实践提供更好的解释和预测能力。

　　本书共十章，前三章为不动产估价的基本思路与程序，第四章到第六章为三大经典估价理论，第七、第八章为 2 种常用的辅助估价方法，第九、第十章为现代机器学习和深度学习等计算机技术在批量评估中的应用。每一章都有配套的习题。附录是一个完整的估价报告案例。

目 录 CONTENTS

## 第一章

不动产与不动产评估概述

主要知识点

不动产定义、不动产分类、不动产价值、不动产价格、不动产估价原理、不动产估价意义

学习不动产估价，要从认识不动产开始。本章主要介绍不动产的基本概念以及不动产评估相关的基本程序。

第一节　不动产的含义及分类

一、不动产的定义

1. 不动产含义概述

在我国资产评估类的法规中，不动产被定义为土地、建筑物及其他附着于土地上的定着物，包括物质实体及其相关权益，通常包括农作物、建筑物、机械、水井、水坝、池塘、矿山、运河和道路等，不包含海域、林木等。在民法中，将财产分为动产和不动产两类。对动产和不动产而言，通常是以财产能否自由移动为依据进行划分的。相对于动产来说，不动产的主要特征表现在它不能移动，或者虽然可以移动，但移动后会破坏它的完整性、使用价值及功能，或者会带来明显的经济损失。

在早期的普通法系中，不动产是可以通过某种形式保护的财产，在财产诉讼中与个人财产相区分。如一些在普通法中被认为是土地的东西，在大多数现代法律制度中不会被归类为土地。现在多数国家的法律对不动产（土地和附在不动产上的任何东西）和个人财产（如衣服、家具、金钱）进行了广泛的区分。概念上，不动产和动产之间的关键区别在于是否将与土地一起转让所有权，前者会随

土地转让所有权，而后者则不会。

关于不动产的具体界定，各国的法典中都有所规定，但详略不一。如我国 2020 年 5 月 28 日通过的《中华人民共和国民法典》规定："物包括不动产和动产，不动产物权的设立、变更、转让和消灭，应当依照法律规定登记。"《中华人民共和国担保法》第九十二条规定："本法所称不动产是指土地以及房屋、林木等地上建筑物。"意大利民法典规定："土地、泉水、河流、树木、房屋和其他建筑物，即使是临时依附于土地的建筑物以及在一般情况下那些或是自然或是人为地与土地结为一体的物品是不动产。固定河岸或者河床之上并且为永久使用而建造的磨坊、浴场以及漂浮在水面上的建筑视为不动产。"日本民法典规定："土地及其定着物为不动产。"美国不动产术语词典把不动产定义为，在法律上，不动产是指土地以及或多或少依附于土地的一切物体，不动产所有权从地球中心直到无限天际。

不动产具有价值的前提是必须具有可验证的和合法的财产登记，通常以自然或人为边界作为登记的依据，如海滩、河流、小溪、山脊的波峰、湖滨、高速公路、公路、铁轨或专用标记、国家专业测量等。不动产价值随着时代发展而改变，会失去原有的一些价值形式，出现一些新的价值形式。例如，由于农业是迄今为止工业化前社会中最重要的经济活动，而土地是农业的重要生产要素，所以，土地农业价值是理论和实践中最古老的土地价值形式。随着工业化的到来，土地的重要新用途不断涌现，成为工厂、仓库、办公室和城市群的所在地。而且，以人造物形式存在的不动产的价值相对于仅有土地的不动产的价值就增加了。随着采掘业的兴起，不动产价值已包含自然矿产资本价值。随着旅游业和休闲业的兴起，不动产价值包括风景名胜和其他便利设施价值。

综上所述，我们可以从广义和狭义两方面来给不动产下定义。从广义来说，不动产是指土地及其地上的一切定着物，包括土地、地上地下的建筑物和构筑物（如房屋、道路、桥梁、围墙、水利设施、地下室等）、河流、森林、草原、矿山等。从狭义来说，不动产主要是指土地及其地上的建筑物和构筑物，具体指土地和房屋及其附属设施，也就是我们经常说的房地产和物业，因此房地产的评估占整个不动产评估的绝大多数。

另外，我们理解不动产的概念，要把握不动产是实物和权益的统一体，既要理解不动产中看得见、摸得着的部分，如土地的形状、大小、地势、地质条件、是否平整，定着物的外观、结构、设备、内部装潢等实体要素，又要理解不动产中无形的、不可触摸的权益部分，它是一种权利束，包括所有权、使用权和他项权利，以及在这些权利上享有的利益和收益。

因此，本书把不动产定义为，不动产是指不能移动位置或者移动位置后会引起性质、形状改变而造成经济损失的财产。它主要是指土地、建筑物及其他地上定着物，不包含海域、林木。不动产是实物、权益和区位三者的结合体。

2. 土地、建筑物和其他地上定着物的含义

（1）土地的含义。简单来说，土地是指地球的表面及其上下一定范围内的空间。关于土地，人们有各种不同的认识，其中包含三种最有代表性的观点：第一种观点认为，土地是指地球表面的陆地。土地也称为旱地，是地球的固体表面，没有被水永久覆盖。历史上绝大多数人类活动都发生在这种土地上，包括农业发展、栖息地建设和各种自然资源开采。陆地包括超级大陆、大陆和岛屿。地球上有四个主要的连续陆块：非洲—亚欧大陆、美洲大陆、南极洲大陆和澳大利亚大陆。能够种植农作物的土地被称为耕地。第二种观点认为，土地不仅包含地球表面的陆地，也包含水域，是由地貌、土壤、岩石、水文、气候、植被等要素组成的自然历史综合体。其实，陆地和水域的划分是人类的基本概念。陆地与水之间的分界线可能会因当地管辖权和其他因素而异，如海上边界。各种自然边界的存在有助于明确界定水与陆地的交汇处。当然由于潮汐和天气变化，这种分界线可能会变化。第三种观点认为，土地是自然物、自然力或自然资源。这是一个更为宽泛的界定。

人们对土地的不同定义或认识，除了在认识程度、学科和研究目的等方面的不同外，还存在法律和制度上的差异。如美国有关法律对土地的界定包括地下矿藏和其他自然物的所有权。而在其他许多国家和地区，地下矿藏和其他地下资源的所有权并不依附于土地所有权，取得土地所有权并不意味着同时取得了地下矿藏和其他地下资源的所有权，因此也难以将地下矿藏和其他地下资源定义为土地的组成部分。而我国对土地的管制实行的是所有权与使用权相分离，所有权归国家，用地单位及个人仅有使用权。

（2）建筑物的含义。建筑物是指人工建筑而成，由建筑材料、建筑构配件和建筑设备等组成的整体物。建筑物的含义也有广义和狭义之分：广义的建筑物既包括房屋，也包括构筑物。狭义的建筑物主要是指房屋，不包括构筑物。在不动产估价中一般将建筑物作广义理解。其中，房屋是指有基础、墙、顶、门、窗，起着遮风避雨、保温隔热等作用，供人们在里面居住、工作、学习、娱乐或进行其他活动的建筑物，一般是由建筑材料、建筑构配件和设备，如给排水、卫生、燃气、照明、空调、电梯、通信、防灾等组成的空间场所。构筑物是指人们一般不直接在里面进行生产和生活活动的建筑物，如烟囱、水塔、水井、道路、桥梁、隧道、水坝等。

（3）其他地上定着物的含义。其他地上定着物是建筑物以外的地上定着物，也称为其他土地附着物、附属物，是指附属或结合于土地或建筑物，从而构成土地或建筑物的一部分，应随着土地或建筑物的转移而一同转移的物。其他地上定着物与土地、建筑物在物理上不可分离，或者虽然可以在物理上分离，但是这种分离是不经济的，或者分离后会破坏土地、建筑物的完整性、使用价值或功能，或者会使土地、建筑物的价值受到明显损害。如地上建造的假山、庭院、花园、栅栏以及农民自己挖的水井等。

二、不动产的分类

在不动产估价的过程中，可以根据不同的需要、不同的估价目的，按照不同的标准，从不同的角度对不动产进行分类。

1. 按用途分类

（1）居住用途。包括普通住宅、高档公寓、别墅等。

（2）商业用途。包括百货商场、购物中心、商业店铺、超级市场、批发市场、贸易场所等。

（3）办公用途。包括经营性的商务办公楼，如金融、保险大厦和电话、电信大楼等；也包括政府行政办公楼等。

（4）旅馆用途。包括饭店、酒店、宾馆、旅店、招待所、度假村等。

（5）餐饮用途。包括酒楼、美食城、餐馆、快餐店等。

（6）娱乐用途。包括游乐场、娱乐城、康乐中心、俱乐部、夜总会、影剧院、高尔夫球场等。

（7）工业和仓储用途。包括工业厂房、车间、料场、仓库等。

（8）农业用途。包括农地、农场、林场、牧场、果园等。

（9）特殊用途。包括车站、机场、医院、学校、托幼设施、教堂、寺庙、墓地等。

（10）综合用途。包括两种或两种以上用途的房地产。

2. 按开发程度分类

（1）生地。是指不具有城市基础设施的土地，如荒地、农地。

（2）毛地。是指具有一定城市基础设施，但地上有待拆迁房屋的土地。

（3）熟地。是指具有完善的城市基础设施且土地平整，能直接在其上进行房屋建设的土地。

（4）在建工程。是指地上建筑物已开始建设但尚未建成，不具备使用条件的房地产，也指该不动产已经停工多年，尚未建完。

（5）现房（含土地）。是指地上建筑物已建成，可直接使用的不动产。它可能是新的，也可能是旧的。

3. 按是否产生收益分类

（1）收益性房地产。是指能直接产生租赁或其他经济收益的房地产，包括商店商务办公楼、公寓、旅馆、餐馆、影剧院、游乐场、加油站、厂房、农地等。

（2）非收益性房地产。是指不能直接产生经济收益的房地产。如私人宅邸、未开发的土地、政府办公楼、教堂、寺庙等。

4. 按经营使用方式分类

（1）出售型。主要用于对外出售，一般多数为房地产开发企业开发的商品房。

（2）出租型。主要用于对外出租的房地产，如一些商住公寓、写字楼等。

（3）营业型。主要用于各种经营性的不动产，如商场、超市、购物中心等。

（4）自用性房地产。主要指用于自己使用而非经营的不动产，如自己居住的住宅。

5. 单独土地的分类

在土地估价中，土地用途可分为住宅用地、工矿仓储用地、商服用地、公共管理与公共服务用地、交通运输用地五类。

第二节　不动产价值与价格

一、价值类型

根据评估目的的差异，不动产评估的价值有几种不同类型和定义。最常见的包括以下几种：

1. 市场价值

市场价值是指在完全竞争市场中拍卖环境下不动产交易的价格。正如国际评估标准（IVS）定义：市场价值是在资产估值日交易双方进行公平买卖时资产交换的估计金额，并且当事各方均知晓交易资产的详细信息，交易是审慎、自愿、无强迫的。市场价值通常可以与公开市场价值或公允价值互换使用。当然，市场价值的概念本身基于新古典经济学理论中某些基础的假设。市场价值的概念及其在经济交易中无处不在的重要性掩盖了许多概念、定义和操作问题。在很多国家，评估虽然针对某种类型的价值，但最常用的价值定义是市场价值。

2. 投资价值

投资价值是指评估对象对于具有明确投资目标的特定投资者或者某一类投资者所具有的价值估计数额，亦称特定投资者价值。国际评估标准（IVS）定义：投资价值指资产对所有者或潜在所有者的个人投资或经营目标的价值。显然，投资价值是对一个特定投资者的价值，可能高于或低于不动产的市场价值。不动产的投资价值和市场价值之间的差异为买卖双方进入市场提供了可能。

3. 在用价值

在用价值是指将评估对象作为企业、资产组的组成部分或者要素资产按其正在使用方式和程度及其对所属企业、资产组的贡献的价值估计数额。在用价值是不动产在特定用途下为特定所有者产生的现金流量的净现值。在用价值是相对于一个特定用户的价值，可以高于或低于财产的市场价值。不动产的在用价值通常低于最高和最好使用时价值，一般低于市场价值。当然，当特定用户有特殊利益时，如特别融资或投资，那么在用价值可能高于市场价值，这种情况下也被称为投资价值。

此外，不动产价值还包括税基价值、可保价值、清算价值、残余价值等。清算价值是指评估对象处于被迫出售、快速变现等非正常市场条件下的价值估计数额。而残余价值是指机器设备、房屋建筑物或者其他有形资产等的拆零变现价值估计数额。

二、不动产的价格类型

从本质上讲，价格是价值的货币表现，表现为凝结在商品中的一般的无差别的人类劳动或抽象的人类劳动。从估价实践来看，不动产价格可以定义为为获得不动产实体和权益而支付的代价，通常为一定的货币单位。不动产价格有多种分类。

1. 按价格形成方式分类

按价格的形成方式，不动产的价格可以分为：①理论价格，是指假设不动产交易双方为理性的经济人的前提下，他们的交易行为和预期是理性的，或者说其真实需求与真实供给是相等的，在此条件下形成的价格。②正常价格，是指某种不动产在公开市场上一般的、平均水平的价格，这种价格为买卖双方所认同。③成交价格，是指不动产交易双方在不动产交易中实际达成的价格，这种价格为买卖双方所认同。④评估价格，是指不动产估价人员对不动产价格进行测算和判定的结果。⑤政府指导价格，是指由政府价格主管部门或者其他部门，按照定价权限和范围规定基准地价及其浮动幅度，指导经营者制定的价格。在我国，不动产价格中具有政府指导价性质的主要有基准地价、标定地价、房屋重置价格以及经济适用房销售价格。

2. 按不同的经济行为分类

按不同的经济行为，不动产的价格可分为：①买卖价格，是指购买方为取得不动产，向不动产卖方支付的货币额或实物。②租赁价格，是指不动产出租方将不动产出租给承租人使用，由出租人收取或承租人支付的货币额或实物。③抵押价格，是指假设债务期满而债务人不能如期履行债务，债权人拍卖或者变卖抵押的不动产所得价款或者抵押不动产折价的价值扣除优先受偿的款额后的余额。④保险价格，是指将不动产投保时，为确定保险金额提供参考依据而评估的价值。⑤课税价格，是指为课税的需要，由不动产估价人员评估的作为计税依据的价值。⑥征收价格，是指国家为了公共利益的需要，强制取得单位或个人的不动产时应给予的补偿金额。

3. 按权益分类

按权益不动产的价格可分为：①所有权价格，是指土地所有权价格、定着物所有权价格，或者土地所有权和定着物所有权价格。②使用权价格，主要是指土地使用权价格，包括出让土地使用权价格、划拨土地使用权价格、土地承包经营权价格。③其他权益价格，是指所有权和使用权价格之外的各种其他权益的价格，如租赁权价格、地役权价格等。

4. 按计算价格方法分类

按计算价格的不同，不动产的价格可分为：①总价格，是指某一宗或某一区域范围内的不动产整体的价格，不动产的总价格一般不能反映不动产价格水平的高低。②单位价格，简称单价。其中，土地单价是指单位土地面积的土地价格，定着物单价是指单位定着物面积的定着物的价格，不动产单价指单位定着物面积的不动产价格。③楼面地价，是一种特殊的土地单价，是土地上的定着物面积均摊的土地价格。在现实中，楼面地价比土地单价更能反映土地价格水平的高低。

三、不动产价格的特性

不动产价格与一般物品的价格既有共同之处，也有不同的地方。其中共同之处在于都是主要由供求因素决定的。不动产因为价值量大，使用寿命长，存在买卖和租赁两种交易方式和市场，其价格可以表现为买卖价格和使用价格（租金）。具体来说，不动产价格具有以下特性：

1. 不动产价格的本质是不动产的权利束的价格

由于土地的地理位置具有固定性，在不动产市场上流通的并非不动产本身，而是该不动产的所有权、使用权及其他权利，因此，不动产价格就是这些权利束的价格。这些权利状况包括土地使用的期限长短、产权是否明确、权属是否合法以及权利是否受到限制（如法院查封）、是否设定抵押等。实物状况相同的不动产，由于其权利状况的不同，价格差别会很大。在进行不动产价格评估时，必须搞清楚作为估价对象的不动产的权利状况，才能做出正确的评估。

2. 不动产价格的形成机制很特殊

一是不动产价格通常是不动产的特征价格。根据特征价格理论，不动产由许多不同特征所组成，而其价格由其所具有的特征带给人们的效用来决定，因特征数量不同而不同。不动产的特征包括区位特征、邻里特征、权益特征和自身物理特征，如所在城市、学区、面积、楼层、朝向以及是否有电梯、保安服务等。不动产价格是所有这些特征的综合反映和表现。各特征的数量及组合方式不同，导致不动产的价格产生差异。当某一方面的特征改变时，不动产的价格也会随之改变。二是不动产价格受区位的影响很大。这是由土地的位置差异造成的。相同实物状况和权益状况的不动产，在不同的土地区位有不同的价格，甚至相差悬殊，如在城市中心商业区的一宗不动产与在城市郊区的同样实物状况和权益状况的另外一宗不动产，其价格有天壤之别。人们根据土地所处的不同区位，将土地在一定范围内进行分等定级，不同等级内的土地具有不同的价格，因此，在进行不动产价格评估时，要分清待估不动产所处的土地区位，估算其对应的价格。

3. 不动产的价格具有较大的个体差异性

一般商品的同类产品之间替代性强，同时存在众多的卖者和买者，商品之间存在较强的价格竞争，而不动产的替代性较小，价值量大，市场交易信息不畅通，某宗不动产往往只有少数的几个买者和卖者，因此，在其价格决定中，交易主体之间的个别因素容易起作用，并容易受买卖双方的个别因素（如购买者的个人偏好、讨价还价的能力、感情冲动、卖者急于变现）等的影响。在进行不动产价格评估时，要考虑到这种特性，对实际交易价格进行适当的修正，以便反映正常的市场状况。

第三节　不动产估价

不动产评估是指资产评估机构及其资产评估专业人员遵守法律、行政法规和资产评估准则，根据委托对评估基准日特定目的下的不动产价值进行评定和估算，并出具资产评估报告的专业服务行为。不动产评估包括单独的不动产评估和企业价值评估中的不动产评估。不动产评估对象既可以是不动产对应的全部权益，也可以是不动产对应的部分权益。

执行不动产评估业务，应当要求委托人明确资产评估报告的用途、评估对象、范围和评估目的；应当全面了解不动产的实物状况、权益状况和区位状况，掌握评估对象的主要特征；应当根据评估目的和不动产具体情况进行合理假设；应当关注不动产的相邻关系、租约限制和动产对不动产价值的影响。

一、不动产估价的基本遵循

为规范不动产评估行为，保护资产评估当事人合法权益和公共利益，执行不动产评估业务应当遵守一国相关准则，但法律、行政法规规定应当执行其他准则的，从其规定。我国 2017 年 10 月 1 日起施行的《资产评估执业准则——不动产》中规定：

（1）执行不动产评估业务，应当具备不动产评估的专业知识和实践经验，能够胜任所执行的不动产评估业务。当执行某项特定业务缺乏特定的专业知识和经验时，应当采取弥补措施，包括利用专家工作及相关报告等。

（2）资产评估专业人员应当关注不动产的权属，收集相关的权属证明文件，对于没有权属证明文件的不动产应当要求委托人或者其他相关当事人对其权属做出承诺或说明。

（3）不动产评估应当在评估对象符合用途管制要求的情况下进行。对于不动产使用的限制条件，应当以有关部门依法规定的用途、面积、高度、建筑密度、容积率、年限等技术指标为依据。

（4）当不动产存在多种利用方式时，应当在合法的前提下，结合经济行为、评估目的、价值类型等情况，选择和使用最优利用方式进行评估。

二、不动产估价与市场价格

1. 不动产市场价格

不动产价格是指交易双方成交的实际价格，为买方的购买成本，卖方的销售收益。从构成上看，这种价格包括地价和建筑物价格。地价即在市场条件下形成的土地权利价格，包括在公开市场条件下形成的客观合理价格和在特定市场条件下形成的市场关联各方可接受的价格。无特殊说明的情况下，它均指公开市场条件下形成的、一定年期建设用地使用权的权利价格，其空间内涵包括地表及地上、地下的一定范围，也可依据权属划分单独界定为地下空间使用权或空中使用权价格。实际上，多数时候，两者合并在一起形成价格，人们无法区分各自在总价格中的比例。

不动产的市场价值与购买价格之间可能会有差异，买方支付的价格可能不代表该不动产的市场价值。有时可能存在一些特殊的考虑因素，如买方和卖方之间的特殊关系，其中一方对另一方具有控制或重大影响力，这时市场价格就会较大偏离市场价值。在其他时候，如果买方对房地产的主观估价（投资价值）高于市场价值，则他们可能愿意支付高于普遍接受的市场价格。比如邻近财产的所有者，他通过将自己的财产与标的财产结合起来，可以获得规模经济，实现价值增加。但是，不动产市场价值与市场价格之间存在差异的最常见原因在于，无论是买者还是卖者都不知道交易主体的市场价值是多少，只是商定一个具体价格成交，因此该市场价格要么太贵要么太便宜。

2. 不动产评估与偏误

不动产评估师要评估的是不动产的真实市场价值，而不是其市场价格。理论上，专业估价人员根据估价目的，遵循估价原则，按照估价程序，选用适宜的估价方法，并在综合分析影响不动产价格因素的基础上，对不动产在估价时点的客观合理价格或价值进行估算和判定。

著名的评估专家达莫达兰认为，关于估值过程有两种极端观点：一种认为估价是一门准确科学，不存在评估师的个人观点或人为错误。另一种认为估价更像是一门艺术，精明的分析师可以操纵数字来产生他们想要的任何结果。其实，真正的不动产估价应该处于这两种极端观点之间，由于对估价过程认识的差异和现实的复杂性，估价行为中存在一些估价偏误。这些偏误有些是人为因素造成的，如估价师对标的物的个人偏好或利益相关，还有些可能来自外部因素。正确的做法是要认识到这种偏误的可能性，以及如何在估价模型中应用现代技术应对现实的不确定性和复杂性。

三、不动产估价的意义

1. 为不动产市场交易服务

不动产产品个体差异性大，如位置固定、质量差异、使用耐久、价格昂贵等，导致不动产市场具有不同于一般市场的特征，类似一种垄断竞争性市场，这就要求必须有专业人士对交易不动产进行科学评估，从而为不动产交易提供客观依据。具体来说，包括为买卖双方交易价格提供参考，为公地标售价或法院拍卖标底价，为拆迁补偿提供依据，为投资不动产提供参考，为抵押贷款提供依据，为企业资产重估或合并经营提供标准等。

2. 为政府征收不动产相关税收提供依据

不动产评估为征收地价税、土地增值税、房屋税、契税、赠与税、遗产税等提供科学依据。如物业税的税基评估直接关系到纳税的公平性和合理性。由于不动产的地域性或异质性特征，不同地区或同一地区不同地点乃至同一街道的两边、同一栋楼的不同楼层价格都会有很大的差异，如果仅按不动产的面积征税，则会造成严重的税负不公平。专业人员的批量评估的流程与方法，既提高了纳税的效率，更提高了纳税的公平性。

3. 有利于提高社会资源的配置效率

不动产的市场交易其实是相关资源（如土地、建材、技术、资金、劳动力）配置的过程。从理论上讲，不动产资源的最优配置就是不动产经济运行处于"帕累托状态"，即不可能通过资源的重新配置，在不减少一些主体的收益时提高另外一些市场主体的收益。然而，市场竞争的非完全性、信息传递与反馈的非充分性等原因所导致的外部性问题，使纯市场化的不动产经济运行难以真正实现不动产资源的最优化配置。而不动产评估人员则可以通过运用专业性理论知识和方法体系为不动产经济活动参与者提供相对公允的参考价格，引导不动产供需双方的经济行为，减少外部性导致的效率损失，提高不动产经济资源配置效率。

此外，不动产价格评估还有多重意义，如为政府提供不动产市场政策制定与实施的依据；为城市规划、建设提供量化依据，从而通过合理的产业布局最大限度地提供土地资源配置效率；也可以为处理不动产纠纷提供依据。

👍 本章小结

不动产被定义为土地、建筑物及其他附着于土地上的定着物，包括物质实体及其相关权益，它主要是指土地、建筑物及其他地上定着物，不包含海域、林木。不动产是实物、权益和区位三者的结合体。根据不同的需要、不同的估价目的，按照不同的标准，从不同的角度对不动产进行分类。

不动产评估是指资产评估机构及其资产评估专业人员遵守法律、行政法规和资产评估准则，根据委托对评估基准日特定目的下的不动产价值进行评定和估算，并出具资产评估报告的专业服务行为。执行不动产评估业务，应当遵守一国法律、行政法规、相关准则。根据评估目的差异，不动产评估价值有几种不同类型和定义，至少包括市场价值、投资价值、在用价值、税基价值、可保价值、清算价值、残余价值等。不动产价格是指为获得不动产实体和权益而支付的代价，通常为一定的货币单位。不动产价格有多种分类，如按形成方式可分为理论价格、正常价格、成交价格、评估价格、政府指导价格；按经济行为可分为买卖价格、租赁价格、抵押价格、保险价格、课税价格、征收价格等；按权益可分为所有权价格、使用权价格、其他权益价格。

现代不动产估价具有重要意义，包括为不动产市场交易服务、为政府征收不动产相关税收提供依据、有利于提高社会资源的配置效率等。

章后习题

一、单项选择题

1. 在我国资产评估类的法规中，不动产被定义为土地、建筑物及其他附着于土地上的定着物，包括物质实体及其相关权益，通常不包括（　　）。

   A. 农作物　　　　B. 建筑物　　　　C. 矿山　　　　D. 林木

2. 根据不同的需要、不同的估价目的，按照不同的标准，从用途对不动产进行分类，下列哪项不属于这类（　　）。

   A. 美食城　　　　B. 商务办公楼　　　C. 在建工程　　　D. 农场

3. 将评估对象作为企业、资产组组成部分或者要素资产按其正在使用方式和程度及其对所属企业、资产组的贡献的价值估计数额，是指（　　）。

   A. 在用价值　　　B. 市场价值　　　C. 投资价值　　　D. 清算价值

4. 假设不动产交易双方为理性的经济人的前提下，他们的交易行为和预期是理性的，或者说其真实需求与真实供给是相等的，在此条件下形成的价格是指（　　）。

    A. 评估价格　　　　　B. 正常价格　　　　　C. 成交价格　　　　　D. 理论价格

5. 执行不动产评估业务时，下列哪一项是估价师不必遵守的（　　）。

    A. 要求委托人明确资产评估报告的用途、评估对象、范围和评估目的

    B. 无论什么估价对象，一定要采用市场法作为参考

    C. 全面了解不动产的实物状况、权益状况和区位状况

    D. 根据评估目的和不动产具体情况进行合理假设

6. 关于不动产价格，下列哪一项是不对的（　　）。

    A. 不动产价格是交易双方成交的实际价格，为买方的购买成本，卖方的销售收益

    B. 不动产的市场价值与购买价格之间可能会有差异

    C. 不动产评估师要评估的是不动产的市场价格

    D. 由于对估价过程认识的差异和现实的复杂性，价格评估中可能存在一些估价偏误

二、名词解释

1. 不动产价格

2. 不动产估价

3. 不动产的供求

4. 不动产的物理特征

三、简答题

1. 简述不动产价格的类型与特征。

2. 简述不动产价格的主要影响因素。

四、论述题

论述经济学中市场均衡价格理论与不动产估价的关系。

## 第二章

不动产价格的决定理论与影响因素

📖 主要知识点

市场价值理论、理性假设、市场均衡价格、不动产需求、不动产供给、不动产价格的影响因素

不动产的价格受到多种因素的影响，这些因素从不同的侧面、以不同的程度影响着不动产价格的评估工作，并在评估实践中要逐步分清并掌握这些影响因素。

第一节　市场价值标准理论

虽然市场价值标准理论没有得到一致的认同，但不动产市场价值的标准理论是建立在新古典经济学理论基础上的。新古典经济学的核心要素包括理性选择、市场均衡、完全竞争等。这些核心要素构成了不动产市场价值和估价实践的基础。

一、理性选择

新古典经济学是在方法论个人主义的基础上发展起来的，是建立在个体行为者的动机和行为之上的，其基本组成部分是理性选择理论。为了满足经济和理性的要求，行为人的偏好必须满足完备性、传递性、反身性三个公理以及单调性和凸性两个假设的要求。在理性选择假设下，市场中经济个体面临各种约束条件时会最大化自己的目标，其行为是基于效用最大化考虑所驱动。这意味着，经济主体只对价格信号做出反应，而不受情绪或利他主义的影响。具体而言，在不动产交易中，卖者想要获取尽可能高的价格，而买者想要支付尽可能低的价格；在保持其他条件不变的情况下，有电梯的房子比没有电梯的房子的价格更高，三居室比两居室的价格更高等。这种理性选择假设对于评估方法，特别是对于市场比较

法和自动估值模型来说，提供了理论依据。

市场主体能够做出理性选择的前提是必须具备必要的认知能力和有用信息。市场价值的标准理论假设，不动产交易双方能够做出理性选择，具有对交易对象的充分信息，这相当于不动产交易市场是一个接近完全竞争的市场。这种假设确保了交易不会受到信息不对称或信息不完全的影响，从而避免了定价错误或定价分歧的可能。但是，真实世界中这种假设难以满足，因此不动产的市场实际交易价格或者评估价格并不是真正的市场价值。

二、均衡与市场价格

新古典经济学中，均衡是指供给量和需求量相等的一种状态。在不动产方面，均衡理论用于解释在给定的市场和时间点上的价格水平，即供给量和需求量相等时的不动产价格。更重要的是，从估值的角度来看，市场在均衡状态下确定的价格被认为是市场价值的有效衡量标准。这是在估价理论中使用市场价格替代市场价值的基础。另外，适用于不动产市场的一般均衡理论意味着，价格水平可以理解为是由影响这些价格因素的市场（如劳动力市场，金融市场，租赁市场等）之间的平衡决定的，具体表现为需求因素和供给因素。本章在下一节中将详细介绍这些影响因素。

毫无疑问，大量证据表明，估值的标准市场价值理论的影响在稳步下降，甚至有人认为，所谓"估值危机"已在实践和理论两个层面上显现出来。

首先，从实践的角度来看，估价师无法以合理的准确性估算市场价值，即使是最有经验和声誉最强的估价师，对同一不动产的估值也存在明显差异。传统上，估价师无法在估计市场价值时达到合理的准确性，允许在一定的容错范围内。但是，容错范围设定为多少也是一个主观性问题，有很大的争议，以至于有人提出以概率的形式进行评估。尤其是，该理论无法预测不动产市场新出现的事实，如美国 2008 年金融危机前的房地产价格的波动。在 2008 年的金融危机中，标准估值理论无法评估房地产市场中的泡沫和崩溃，而当市场交易活动几乎停止后，市场价值的确定也失去了基础。

其次，在理论方面，人们对市场价值的定义也存在较大分歧。可能最大的分歧在于，有些学者将市场价值定义为最高价格，而另外一些学者将市场价值定义为最可能的价格。从经济学的分析方法来看，两者的分歧与实证分析和规范分析相关，实证分析强调市场价值是什么，而规范分析强调市场价值应该是什么。

第二节　理性行为假设的局限①

　　随着行为经济学的影响不断扩大，传统的市场价值标准理论受到越来越多的挑战。近年来，学者们越来越重视在估价中的行为问题。经济学家理查德·泰勒于2017年获得诺贝尔经济学奖，这更使行为经济学炙手可热，人们可以更加合理地解释种种经济行为。信念、偏好、约束等诸多非理性因素渐渐代替了传统的"理性人"假设。而随着资产评估与市场经济关系的逐渐加深，也会有越来越多的特殊因素影响评估结果，使评估价值与交易价格往往相差颇大，其中就不乏行为经济学中的非理性因素。可以把一些评估假设的限制或一些非理性因素对实际评估值的影响转化成特殊变量来更好地解释评估值；或者将行为因素考虑到评估中，给受到不同认知影响的微观客体一个合理的价格区间，使看似非理性的评估结果符合经济实质，具有解释性与合理性。

　　不动产评估结果的客观性和不动产评估假设要素有关。不动产评估假设包括利益主体变动假设、资产持续经营假设、有效市场存在假设和理性评估行为假设等。确定了不动产评估的主体在未来能够合理经营并接受市场的检验，理性评估行为假设对不动产评估方法的选择具有约束性，因而评估师通过比较、判断、分析，选择一种最有利且合适的评估方法，正确地体现资产的价值量。然而，当理性经济人假设受到行为经济的挑战和质疑时，不动产评估结果将会失实。所谓的不动产评估值失实，是指不动产评估八大要素中任何一个要素发生偏差造成评估结果的误差或错误。这些误差有些是评估过程的不严谨造成的，有些则是被行为因素影响的。行为因素可以影响评估师的主观判断，影响微观客体即委托方的心理和态度，进而使不动产评估结果所揭示的待估资产偏离其实际价值，更别提最终在餐桌上拍板的交易价格了。评估结果失实会影响委托方、评估机构和评估人员等相关利益主体，同时也会对不动产评估行业秩序产生不利影响。

　　而当我们考虑行为经济理论，将之作为特殊因素加入不动产评估时，评估结果将更有说服力。从长远角度看，行为经济学的非理性假说会使经济学的分支更加完善。不动产评估的定价也会和市场交易价格更加贴近，更加准确；不动产评估的主体也会克服更多非理性限制，使评估价值更加客观严谨。下面以三个典型行为问题为例说明理性假设下的标准估价理论的局限性。

---

① 李国民，许凌峰. 市场法的行为因素对评估结果客观性影响探析 [J]. 中国资产评估，2019 (11).

一、年终奖问题

在评估行业这一问题是指评估值和交易值侧重方面不同，造成委托人预期和评估机构估值有出入。行为经济学理论指出，人们存在一种选择谬误：选项 A，工资 10000 元、年终奖 400 元，选项 B 工资 10200 元、年终奖 200 元，面对这个选项时大多数人会选择 A 选项，是因为就工资而言，10000 元、10200 元相比差异相对较小，而年终奖这个维度由于变化幅度较大，多数人的视线会着重于这一维度从而做出主观选择。年终奖效应在评估中往往体现在权重这一方面，尤其是市场法中给予各影响因素的权重值得好好斟酌，对评估值的影响较大。例如，在一些风景区价值评估中可比因素诸多，包括历史年限、游客观光与逗留和消费的比重、植被的价值、知名度等。我们分别测算出这些指标的贡献占比、权重、影响因子，最终得出综合贡献度，并通过可比对象算出市场法下的评估结果。但在实际交易中，人们往往会弱化重要因素的影响程度，而在一些不重要但表面差异较大的因素上给予过多的重视，从而使实际交易价格和评估价格相差甚远。所以评估师应该考虑将大众的心理误差作为一个变量计入评估值影响因素。毕竟随着行为经济学的系统化和理论化，曾经被视为特殊存在的心理误差或许已经成为一种普遍存在的情况，资产评估既然服务于市场，未来极有可能在定价和谈判上有所突破，年终奖问题造成的市场法权重的重新定义就有必要提上日程。

另外，一些二手房市场上的交易价格，往往缺乏足够科学的评估过程和定价，也存在年终奖效应。大数据表明大众心理确实对房价存在重要影响，有学者就土地出让的高热度信号和房地产市场之间的关系做出研究，认为人们对土地出让的关注对二手房的价格有拉动作用。年终奖效应体现在人们的关注度造成的认知误差对市场价格有溢价作用。评估师应当考虑到这些行为因素对买卖双方的心理影响，使市场定价更加理性和完善，从而使评估价和交易价更加接近，评估结果能够更好地解释市场价格。

二、锚定效应

行为经济学指出，人们对熟悉的事物往往有一种无根据的信任，当接触到一件未知事物的时候，总倾向于用一件已知的事物来做参考。这个参考就像船锚，一经认定，整个体系也就定下来了。例如，生活中 40℃ 水是热水还是凉水是取决于之前的水温；馒头好吃还是难吃取决于饥饿程度。锚定效应广泛存在于经济学现象中。例如，股票当前价格的确定会受到过去价格的影响，也是因为锚定效应的存在。而资产评估中显然也存在锚定效应。人们发现，不少委托人最终的交易价格和评估值相差甚远，其中一个重要原因是评估师考虑了委托人或微观客体的锚定效应的影响。通过对一些二手房主即微观客体的调查，我们发现其在定价时大多是选取近期可比交易的数值，稍作增加或跟风就设定为挂牌价格。

锚定意味着惯性，指人们倾向于把对将来的估计和已采用过的估计联系起来，同时易受同类的影响，而忽略真实的决定价格的因素，遂造成市场交易价和资产评估值的差异。锚定效应指出，个体的关注度和非理性的行为导致市场并非理性。微观客体的锚定效应使其以历史价格为锚或是以近期可比交易为锚，然后买卖双方根据各自心理价格经过谈判确定最终价格，也就是说实际交易价格是相对价格，只要相对参照物合理，最终价格就是由买卖双方各自的估计和谈判能力两大因素决定的。评估师和微观客体双方各自的估计因锚定效应存在而体现出了差异，交易合同价格与资产评估值有所出入。

三、框架效应

评估主体接收信息往往具有倾向性。行为经济学理论指出，人的判断和偏好不是由方案本身的优劣势所决定的，而是决策过程中被诱导的，人的判断往往存在灰色地带。例如，如果人们被问到"你接受吗"，那么其答案往往倾向于接受；而如果被问到"你拒绝吗"，那么其答案往往又倾向于拒绝。用数学语言概括就是"100%的黑色≠0%的白色"，这就类似反应方式中的容斥原理。所以即便没有刻意引导，人们还是会倾向于注意之前提到的信息。

因为框架效应的存在，评估结果会有偏差，主要影响体现为，企业会计人员交接资料的顺序和一些时间地域上的限制会使评估程序受阻，当评估人员妥协并修正评估程序时，评估的谨慎性和客观性存疑，最终的评估值也会偏离真实值。以抽查凭证为例，当企业给予工作时间一定限制时，评估人员有严格按照评估程序先汇总后抽凭以及根据实际情况先抽取大额凭证之后填表并补充这两种选择。后者安排在时间上富有弹性，但之前企业体现的积极方面和人们对企业的善意的倾向往往会使评估人员刻意忽略小额的账实不符等，优先选取可靠的大额数据。虽然按行业规则来看，抽查已经达到了比例，算是一份合格的底稿，但是评估的严谨性会受到质疑。另外，评估人员处理类似信息的方式是否会受到情绪的影响？是不是会受到自私偏见的影响？

行为经济学指出，带有偏见的信念往往会让人做出带有个人色彩的判断，或者说人们看到的是其"想"看到的，积极的良好意图会让人们更加关注积极的结果，评估主体在面对一些访谈的信息时往往也会因为自身的因素和企业的因素而放大该信息的重要性。由此评估人员获得的评估依据会偏向自身认为的情况，评估结果也不再真实客观。

与其说"理性人"学说不完美，不如说随着经济学家对行为科学研究的深入逐渐提出了演化经济学、神经经济学、行为经济学，这使经济学更加系统，更加符合人真正的"理性"，也就是说诸多看似违背"理性"的经济学行为实质上对于人类这个主体的经济行为来讲是合理的，是可以解释的。

因此可以说，新古典经济学的主流地位限制了不动产估价领域的新发展，人们期待新的替代理论出现。虽然新理论的模型并未呈现最终模样，但是它的目标和任务清晰无比。新的替代理论必须明确界定市场价值的含义，并且能都处理估价行业的关键实际问题，如估值变化、准确性有关的问题，以及客户对估值结果的影响等。此外，新的替代理论应该为正确理解房地产市场的价格泡沫和崩溃提供工具。

第三节　不动产需求

一、商品需求基本理论

虽然市场价值的标准理论受到诸多挑战，但是，新古典经济学的需求与供给分析仍然是不动产价格评估的一个最基本和有力的分析工具。不动产的价格决定与波动大都可以用需求和供给的均衡来分析。下面将简要介绍商品需求基本理论，并具体分析不动产需求的含义。

从理论上来说，需求是指消费者在一定价格上所愿意并能够购买的商品数量。影响需求量的因素有很多，但其中最主要的因素是价格。我们把商品价格与需求量的一一对应关系描述在坐标系中，便得到一条需求曲线。需求曲线表示消费者在每个价格上的需求量，如图 2-1 所示。

需求也可用需求函数表示，$Q = f(P)$，其中 Q 为需求量、P 为价格。可以看出，正常情况下，商品的价格与需求量呈反向关系。该需求曲线从左上方向右下方倾斜，这种性质在绝大多数商品上都存在，经济学家称之为"需求法则"，即在其他条件不变的情况下，商品的需求量与价格变化呈反向的关系，即商品价格上升，需求量下降。为什么商品需求量与价格呈反向关系？原因有两个：一是替代效应，当一种商品价格上升时，消费者会增加购买其他类似商品替代该商品；二是收入效应，当价格上升时，人们感觉自己比以前穷了，实际购买力下降，会减少消费该商品。需求法则对一些例外商品不成立，如吉芬品和炫耀品，这些商品的需求量与价格成正向关系，即价格越高，其需求量反而越大。在每一价格下将市场上某商品所有个人的需求量加总，便得到该商品的市场需求曲线。

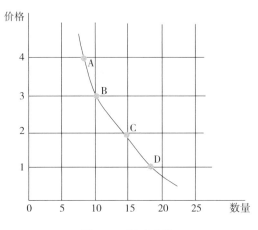

图 2-1　需求曲线

二、不动产需求

不动产需求是指消费者在某一特定时间内，在每一价格水平下，对某种不动产所愿意而且能够购买的数量，这个数量常用面积来表示。需要注意的是，需求不同于我们常说的需要，需要不考虑面临的约束，而需求的前提条件就是消费者有能力购买。

1. "需求量变化"与"需求变化"

区分"需求量变化"与"需求变化"，有助于我们认识影响不动产价格的需求侧因素。"需求量的变化"是指在其他条件不变的情况下，仅由商品自身的价格变动引起的需求量的增加或减少，反映在需求曲线上就是沿着需求曲线移动。一般商品的需求量的变化反映了"需求法则"，即商品的价格降低，需求量增加，相反，商品的价格提高，需求量将下降。在图 2-2 上表现为沿着需求曲线由 C 点移动到 B 点。因此，在同一条需求曲线上的移动反映了商品自身价格变动和其需求量变动的关系。而"需求的变动"是指除商品自身价格以外的其他一些因素的变化导致在每一个价格下商品的需求量都发生变化，表现为需求曲线向左或右平移。如图 2-3 所示，不动产需求增加，需求曲线向右平移。

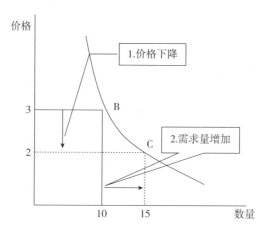

图 2-2　需求量的变化

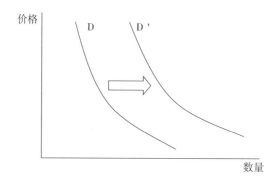

图 2-3　需求的变化

2. 影响不动产需求的因素

影响不动产需求的因素主要表现在以下几个方面：

（1）该种不动产的价格水平。一般来说，某种不动产的价格上升，其需求量就会减少；价格下降，其需求量就会增加。当然，吉芬商品是个例外。

（2）人口数量。一个地区人口数量越多，人们对不动产的需求就越大。

（3）消费者的收入水平。消费者对商品的需求以支付能力为前提，因此需求水平的高低直接取决于消费者的收入水平。

（4）消费者的偏好。当消费者对某不动产的偏好程度增强时，该种不动产的需求就会增加；相反，需求就会减少。

（5）相关不动产的价格水平。相关不动产主要是指某种不动产的替代品和互补品。某种不动产的替代品是指能满足类似需要、可替代它的其他不动产，如经济适用住房与普通商品住宅之间就存在一定的替代关系。替代品之间，一种不动产的价格上升，对另一种不动产的需求就会增加。而某种不动产的互补品是指与它相互配合的其他不动产，如住宅与其他商业、娱乐房地产。互补品之间，对一种房地产的需求增加，对另一种房地产的需求也会增加。

（6）消费者对未来的预期。当消费者预期未来收入增加时，就会增加现期需求；相反，就会减少现期需求。当消费者预期某种不动产的价格会在下一时期上升时，就会增加对该种不动产的现实需求；相反，就会减少对该种不动产的现期需求。

此外，其他因素，如气候、社会风尚、政府政策等也会影响需求变动。

第四节　不动产供给

一、供给的基本理论

在不动产市场价格的标准理论中，供给是决定均衡价格的另一个因素。供给是指厂商（生产者）在一定价格上所愿意生产和出售的商品数量。供给曲线表示在其他条件不变时，该商品的价格与生产者愿意生产和出售的商品数量之间的关系。供给曲线上的每一个点代表在某一价格下厂商愿意供给的数量。价格越高，厂商愿意生产更多的商品。一般地，供给曲线为从左下方向右上方倾斜，表明在其他情况不变条件下，厂商的供给量与商品的价格正相关，即商品价格越高，供给量越大；价格越低，供给量就越小。这被称为供给法则。供给法则能够成立，是因为生产者发现，在其他情况不变情况下，价格越高，厂商获利越多，故愿意提供更多的商品。供给法则也有一些例外情况，例如，当工资上涨超过一定幅度时，再增加工资，劳动力供给反而下降。一种商品的市场供给就是经济中所有厂商在一定价格上愿意提供的该商品的总量。只要把每个厂商在每一个价格上愿意提供的商品数量水平相加，得到该商品的市场供给，再将每个厂商的供给曲线水平相加，便得到市场供给曲线。

二、不动产供给

不动产供给是指不动产开发商和拥有者（卖者）在某一特定时间内，在每一价格水平下，对某种不动产所愿意而且能够提供出售的数量。形成供给有 2 个条件：一是不动产开发商或拥有者愿意供给，二是不动产开发商或拥有者有能力供给。如果不动产开发商或拥有者对某种房地产虽然有提供出售的愿望，但没有提供出售的能力，则不能形成有效供给，也就不能算作供给。

1. "供给量的变化"和"供给的变化"

"供给量的变化"是指商品自身价格的变动对厂商供给量的影响，供给量的变化表现为沿着供给曲线移动。"供给量的变化"不同于"供给的变化"，"供给的变化"表现为整个供给曲线的移动。由于供给曲线的每一点代表在某一价格下厂商愿意供给的产量，因此，在图 2-4 上，这种价格上升引起的供给量的增加表现为沿着供给曲线由 A 点移动到 B 点。除商品自身价格以外的其他一些因素的变化导致整个供给曲线的左右移动，被称为"供给的变动"。"供给的变动"表示在每一个价格上厂商愿意供给的商品数量发生变化。如图 2-5 所示，供给增加，供给曲线向右平移，厂商在任意相同价格水平上所供给的商品数量增加。

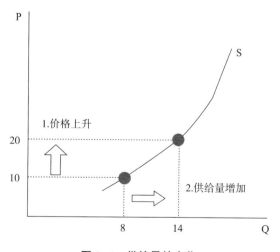

图 2-4　供给量的变化

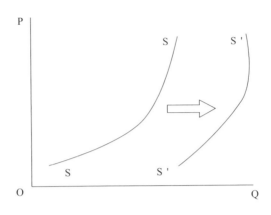

图 2-5　供给增加

2. 影响不动产供给的因素

影响不动产供给变动的因素主要包括:

(1) 生产要素价格。当要素价格下降时, 生产成本减少, 利润增加, 企业增加供给, 表现为供给曲线向右平移; 反之, 供给曲线向左平移。也就是说, 在某种不动产自身的价格保持不变的情况下, 开发成本上升会减少开发利润, 从而会使该种不动产的供给减少; 相反, 会使该种不动产的供给增加。

(2) 技术水平。生产技术提高, 意味着生产效率提高、成本降低, 在相同价格上厂商愿意提供更多的商品, 供给曲线向右平移。

(3) 相关商品价格。从生产的角度看, 若同样的资源既可以生产一种商品, 又可生产另一商品, 则这两种商品为替代品; 若同样的资源在生产出一种商品的同时生产出另一商品, 则这两种商品为互补品。如果生产中的替代品价格下降或互补品价格上升, 那么生产者会增加该商品的供给。

(4) 开发商对未来的预期。如果开发商对未来有良好的预期, 如开发商预期不动产的价格会上涨, 那么在制订投资开发计划时会增加开发量, 从而会使未来的供给增加, 同时会把现在开发的不动产留着不卖, 从而会减少该种不动产的现期供给, 反之, 其现期的供给就会增加。

此外, 政府可以从环保、税收、外贸政策等方面影响不动产的供给。

第五节　均衡价格的形成与变动

在新古典经济学的理论框架下, 不动产的市场供给和市场需求决定着其均衡的价格，影响供给和（或）需求的因素都会导致不动产价格的变化。当市场达到均衡时，消费者愿意购买的商品数量恰好等于厂商愿意提供的数量，即市场需求量等于市场供给量，市场均衡又称为市场出清。在市场均衡状态下，只要其他条件保持不变，商品的价格不会上下波动。市场均衡可以将某不动产的市场需求曲线与市场供给曲线放到同一个坐标中来表示。在图 2-6 中，DD 表示其市场需求曲线，SS 表示其市场供给曲线，曲线 DD 与 SS 相交于 E 点。E 点为该不动产的市场均衡点，PE、QE 分别为其市场均衡价格与市场均衡数量。

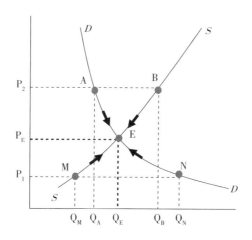

图 2-6 均衡价格的形成

实际上，市场均衡是由市场需求与供给双方力量共同作用形成的。图 2-6 说明了市场均衡的形成过程。当市场价格高于均衡价格，如市场价格为 P_2 时，市场供大于求，$Q_B > Q_A$，产品出现过剩，价格存在下降压力；当价格降到均衡之下，如市场价格为 P_1 时，市场供小于求，$Q_M < Q_N$，产品出现"短缺"，消费者为得到产品而竞争，引起价格上升；只有当市场价格为 P_E 时，市场供求量等于需求量，市场实现均衡。

市场均衡会因为市场需求变动或市场供给变动而变动。一般地，在市场供给不变的条件下，市场需求变动会导致市场均衡价格与均衡数量同方向变动；在市场需求不变的条件下，市场供给的变动会引起市场均衡价格反向变动，均衡数量同向变动，这就是所谓的"供求定理"。同理可知，需求与供给同时减少时，均衡数量将减少，但均衡价格变动不确定；需求减少、供给增加，会导致市场均衡价格下降，而均衡数量变动不确定。

第六节　不动产价格的具体影响因素

影响不动产市场价格的具体因素，通常可以分为三类：一般因素、区域因素和个别因素。一般因素是指对大范围的不动产价格都有影响的经济社会因素，如经济发展状况、财政政策、货币政策、利率等，主要是经济周期因素。区域因素是指对估价对象周围一定区域范围内（城市层面）的不动产价格有所影响的因素，如所在地区的城市规划调整、区位特征、环境状况、配套设施状况等。个别因素是指对特定不动产的价格有所影响的因素，包括实物特征和权益特征，实物特征主要为该不动产自身的因素，如该房地产的区位、用途、规模、土地形状、地形、地势、建筑结构、建筑物新旧程度等，而权益特征是该不动产所拥有的权益束。当然，也有学者将影响不动产价格的因素细分为供求因素、自身因素、环境因素、人口因素、经济因素、社会因素、行政因素、心理因素、国际因素及其他因素等。以下综合两种分类方法对影响不动产价格的具体因素加以分析。

一、一般因素

1. 社会因素

影响不动产价格的社会因素主要有政治安定状况、社会治安状况、不动产投机和城市化进程。

（1）政治安定状况。政治安定状况是指现有政权的稳定程度。一般来说，政治上不安定意味着社会动荡，会导致不动产价格下跌。

（2）社会治安状况。社会治安较差，经常发生犯罪案件的地区，意味着人们的生命财产缺乏保障，将造成不动产价格下跌。

（3）不动产投机。不动产投机有许多危害，这是共识。它对不动产价格的影响有3种情况：引起不动产价格上涨、引起不动产价格下跌、起着平抑不动产价格的作用。

（4）城市化进程。城市化进程即人口向城市地区集中，造成不动产需求增加，带动不动产价格上涨。

2. 经济因素

影响不动产价格的经济因素有很多，只要能改变不动产市场供给或需求的经济因素，都会影响不动产的市场价格。经济因素主要包括以下几个方面：

（1）经济发展状况。经济发展预示着投资、生产、经营活动活跃，对厂房、办公室、商场、住宅和各种文娱设施等的需求增加，引起不动产价格上涨，尤其是引起地价上涨。不动产价格和社会经济的周期性变化高度相关。在经济发展的停滞时期，整个社会商品过剩、需求不足，市场萧条，人们对不动产的消费能力下降且不动产大量积压、价格下跌。在经济高度发展时期，市场活跃、游资充斥，对不动产的需求能力增加和投资经营的需要，将造成不动产供应不足，土地需求量急剧膨胀，价格急升。

（2）居民收入。随着居民收入的增加、生活水平的提高，人们对居住和活动所需要的空间的需求也不断俱增，导致不动产价格呈上涨趋势。至于对不动产价格的影响程度，要由收入水平及边际消费倾向的大小来决定。

（3）财政收支与金融状况。财政与金融状况直接影响不动产价格。当经济发展出现失衡的时候，国家会运用紧缩银根的政策调控经济，不动产的发展就会受到制约。这种情况若持续的时间较长，对不动产的需求就会下降，不动产的价格也会下降。国家财政收入增长预示着国家经济发展水平提高，可以拿出更多的钱用于不动产的投资和提高事业单位职工的工资水平，从而使不动产的需求量大大增长，土地的需求量进而增长，不动产的价格会相应地提高。

3. 政策因素

（1）不动产的基本制度。例如，土地制度直接影响地价水平。科学合理的土地制度和政策，可以制约土地利用者或投资者的积极性，带动土地价格适度涨落。合理的住房制度使不动产价格与居民收入保持适宜的比例关系，促进不动产市场的繁荣。

（2）发展战略、城市规划。规划的作用有三个方面：一是为特定的用途分配土地资源。土地被规划为住宅、商业等多种用途，不同用途下不动产价格之间存在很大的差异。二是限制房屋的用途。改变房屋的用途，必须得到规划部门的许可，一旦规划部门批准，不动产的效用就会发生改变，不动产的价格也会随之发生很大的变化。三是限制土地使用的强度。可以使用规定容积率、绿化率和建筑物的高度等指标的方法控制土地使用的强度，不同利用强度的土地的价格是不同的。以上三点对限制不动产价格都有很大的影响，特别是城市规划中的规定用途、容积率、绿化率、建筑物高度等指标。

（3）不动产调控政策。具体包括影响消费者需求的限价政策和限购政策，以及影响生产者的供给方面的政策，如控制土地供应量，改变土地出让价格、房地产开发经营的税费以及调整产业政策等措施。此外，税收政策也直接或间接地影响不动产课税的数额，关系到不动产收益的大小，因而会影响不动产价格的涨落。

（4）行政隶属变更。行政隶属的变更往往会对不动产的价格产生很大的影响。如将某个非建制镇升格为建制镇，将某个建制镇升格为市，或将某个市升格为地级市、省辖市、直辖市，无疑会促进该地区不动产价格的上涨。同样，将原本属于较落后地区的地方划归另一较发达地区管辖，也会促进这一地区的不动产价格上涨。

二、区域因素

1. 区域环境因素

环境因素分为自然环境因素和社会环境因素，决定着所在区域的生活质量和发展质量。通常，一个城市的住宅价格的溢价，表现为其工资溢价和城市生活质量的溢价。城市经济发展质量较高，则意味着人们可以获得好的收入、好的就业机会，从而具有较高的购买能力；而城市生活质量包括自然环境，如良好的空气质量、美丽的海景/山景、适宜的温度，公共服务，如良好的治安环境、充足的教育资源、高效的政府服务，社会环境，如高素质有涵养的市民、良好的社会氛围。

2. 自然环境因素

（1）声觉环境。如工厂、汽车、人群等都可能产生噪声，如果噪声过大，会干扰人们的休息、工作和学习，将降低不动产价格。噪声小、安静的地方，不动产价格通常较高。

（2）水质环境。如区域内的地下水、沟渠、河流发生污染或产生废气、废水，会使该地区的不动产价格下降。

（3）视觉环境。不动产周围的景观是否井井有条、协调美观，使人赏心悦目，也会影响不动产的价格。视觉好的不动产，如可看到海、湖、江、河、山、公园、树林、绿地、知名建筑等，其价格通常较高。

（4）空气环境。所处地区空气质量的好坏对住宅类不动产价格有很大的影响。公共厕所、垃圾站、化工厂、钢铁厂等都可能造成空气污染，凡是接近这些地方的住宅，价格通常较低。

3. 社会环境因素

（1）交通状况。交通是否便利，直接影响人们的工作与生活，因此，交通状况与不动产价格的关系非常密切。

（2）商业设施。商业设施状况也会影响不动产价格，完善的商业设施可以为人们的生活提供便利，从而使这一地区的不动产价格上升。

（3）教育设施。幼儿园、小学、中学及大学等教育设施完备，可以为人们提供受教育的机会，提高人们的素质，从而使这一地区的不动产价格上升。

4. 人口环境因素

人口数量、人口素质以及家庭规模等，对不动产价格有很大的影响。随着人口数量的增长，对不动产的需求必然会增加，从而促使不动产价格上涨。

人口数量与不动产价格呈正相关关系。人口增加，导致对不动产的需求增加，不动产价格就会上升，在人口数量因素中，反映人口数量的相对指标是人口密度，一般而言，人口密度高的地区，不动产供给相对缺乏，供不应求，因而不动产价格水平会上升。人口密度从两种完全不同的角度影响不动产价格：一种是人口密度提高会刺激商业、服务业发展，提高不动产价格；另一种则是人口密度提高会造成生活环境恶化，降低不动产的价格，特别是当大量低收入人群进入某一地区或城市时，更易出现这种情况。

人口素质也会引起不动产价格发生变化。因为随着受教育水平的不断提高，社会文明不断进步，人口素质也不断提高，对不动产的消费观念也会不断发生变化。不动产由初始作为遮风避雨的生存资料，发展到讲求舒适美观的生活资料，进而发展成为高档次的发展资料，凡此种种都会提高对不动产质量和数量的需求，从而使不动产价格趋升。而局部地区由于居民素质低、生活秩序混乱、安全感差，人们大多不愿在此居住，从而使这一地区的不动产价格趋降。

此外，当家庭规模发生变化时，即使人口总数不变，居住单位数也会发生变动，进而影响不动产价格的变动趋势。

三、个别因素

不动产的自身因素，也可以说是房地产的个别因素，是指房地产本身的个别特性对房地产价格的影响因素。自身因素因土地与建筑物的不同可分为以下几项。

1. 土地的位置、形状、大小、地势、地质

土地的位置有自然地理位置和社会经济位置之分，自然地理位置固定不变，社会经济位置可以发生变化。由于土地所处的位置不同，它能够带来的收益也不同。位置好的土地带来的收益要高于位置差的土地。因此，要获得位置好的土地也要付出高于位置差的土地的代价。

土地的形状多种多样，如矩形地、三角形地、平行四边形地以及不规则形状的土地，它们在利用中的难易程度不同，一般认为矩形地容易利用，其他形状的土地利用难度会比较大，因此矩形地的价格会偏高，而其他形状的土地价格会偏低，尤其是三角形地。对临街的土地来说，宽度和深度对其有较大的影响因为临街地经常用于商业用途，临街宽度大，建筑物外观醒目，会增强对消费者的吸引力，因此，价格会偏高一些；相反，临街宽度小，建筑物门面小，不容易引起消费者的注意，价格就会偏低一些。同样，当建筑物宽度一定时，深度过大或过小，都会使建筑物的效用降低，从而使土地的价格偏低。因此，理想的情况是土地的宽度与深度比例适当，使土地上的建筑物发挥最大的效用。一般来说，面积较大的土地由于在用途上有较多的选择可能，容易利用，因而其价格往往高于面积狭小的土地的价格。但在某些例外的情况下使面积狭小的土地有特别高的价格。此外，土地面积与地价之间关系的确定还要看土地的具体用途和土地所处的市场的情况，不能一概而论。

地势是指土地与相邻地的高低关系比较，一般来说，地势高的土地价格高于地势低的土地价格。地质条件与土地的承载力密切相关。地质条件的好坏直接影响地基处理费用的高低。地质条件好，土地价格就高；地质条件差，土地价格就低。

土地的临街状态对地价影响很大，具体可以分为路角地、双面临街地、一面临街地、袋地、盲地等多种情况。由于它们的利用价值不同，价格也不同。对于商业用地而言，路角地价格最高，其次为双面临街地、一面临街地、袋地和盲地。

2. 建筑物自身因素

建筑物的建筑面积、高度、建筑结构及使用的建筑材料，都会影响建筑物的价格。建筑物的设计是否合理、设备是否完好、工程质量的好坏，都直接影响建筑物的价格。

房屋的朝向影响室内的通风、采光及眺望环境，从而影响使用的舒适性，进而影响价格。楼层的高低影响房屋的使用功能和使用的方便性、舒适性，因而能够影响价格。建筑物外观新颖、优美，可以给人以视觉美感，会促使建筑物价格偏高；相反，建筑物外观单调、呆板，使人感觉压抑、厌恶，会导致建筑物价格偏低。

3. 日照、通风、湿度、温度

日照、通风、湿度和温度在一个合适的范围之内，会增加土地的效用，使土地价格偏高一些；相反，日照、通风、湿度、温度超出了正常的范围，如日照、通风过强或过弱、湿度过大或过小、温度过高或过低都不利于生产与生活，土地的价格就会偏低一些。

当然，不动产价格的影响因素也包括市场主体的心理因素：①买者的个人偏好，如对某物业的环境、设计、品牌、邻里、小区物业管理等的欣赏，将促使消费者购买该物业；②接近名人住宅心理，市场经济条件下，从某种程度上说经济实力代表一个人的社会地位，如果某人与某名人是邻居，无疑说明某人的能力也是不小的，另外名人也有聚集效应；③讲究风水；等等。此外，国际因素也会使某一国家或某一地区的不动产价格发生变动，如国与国之间的政治对立、经济封锁甚至军事冲突等都会导致不动产价格的低迷。

👍 本章小结

不动产评估价格主要是指不动产的市场价格（价值），它建立在新古典经济学理论的均衡理论基础之上。新古典经济学的一个基本假设是理性行为假设，即市场中经济个体面临各种约束条件时会最大化自己的目标，其行为是基于效用最大化进行选择的结果。实践中，新古典经济学的假设条件难以满足，行为经济学理论为市场价格形成机制提供一些新的解释。

不动产价格作为获得他人不动产实体和权益的等价物，受到多种因素的影响，总体来说，其均衡价格的影响因素可以归纳市场需求和市场供给两个方面。影响不动产需求的因素主要包括：该种不动产的价格水平、人口数量、消费者的收入水平、消费者的偏好、相关不动产的价格水平、消费者对未来的预期等。影响不动产供给变动的因素主要包括：生产要素价格、技术水平、相关商品价格、房地产开发商对未来的预期、环保税收外贸政策等。在新古典经济学的理论框架下，不动产的市场供给和市场需求决定其均衡的价格，影响供给和（或）需求的因素都会影响不动产价格的变化。一般地，市场供给不变条件下，市场需求变动会导致市场均衡价格与均衡数量同方向变动；市场需求不变条件下，市场供给的变动会引起市场均衡价格反向变动，均衡数量同向变动，这就是所谓的"供求定理"。同理可知，需求与供给同时减少时，均衡数量将减少，但均衡价格变动不确定；需求减少，供给增加，会导致市场均衡价格下降，而均衡数量变动不确定。

章后习题

一、单项选择题

1. 不动产的市场价值标准理论是基于（　　）理论。

   A. 古典经济学　　　　　　　　　　B. 新古典经济学

   C. 理性预期学派　　　　　　　　　D. 新兴古典经济学

2. 如果估价师倾向于把对将来的估计和已采用过的估计联系起来，同时易受同类的影响，而忽略真实的价格决定因素，遂造成市场交易价和资产评估值的差异，这种行为在行为经济学家看来是（　　）。

   A. 年终奖问题　　B. 锚定效应　　　C. 框架效应　　　D. 羊群效应

3. 一个地区的人们收入增加，将导致不动产的（　　）。

   A. 需求量增加　　B. 需求增加　　　C. 需求量减少　　D. 需求减少

4. 下列因素变化会导致不动产供给减少的是（　　）。

   A. 要素价格下降，生产成本减少

   B. 生产技术提高，生产效率提高

   C. 开发商预期该房地产的价格会上涨

   D. 生产中的替代品价格下降

5. 市场中人口数量增加，且政府给不动产开发商提供优惠政策，通常会导致（　　）。

   A. 不动产价格一定上涨

   B. 不动产价格一定下降

   C. 不动产价格上涨或下降，但是市场成交量将增加

   D. 不动产价格上涨或下降，市场成交量也增加或减少

6. 假设中、低等收入水平者对住宅的边际消费倾向较大，如果该地区中他们的收入普遍增加，将导致（　　）。

   A. 住宅价格上涨

   B. 住宅价格变化不确定

   C. 住宅价格下降

   D. 将增加收入用于改善生活品质，对住宅价格没有影响

二、名词解释

1. 理性选择

2. 市场均衡价格

3. 不动产需求

4. 不动产需求变动

5. 不动产供给

6. 不动产供给变动

三、简单题

1. 简述影响不动产市场均衡价格的供求因素。

2. 简述不动产价格的区域影响因素。

3. 简述不动产价格的个别影响因素。

四、操作题

收集一个城市最近 10 年内土地价格与住宅价格的数据，分析说明两者的关系。

## 第三章

不动产估价原则、程序与报告

主要知识点

不动产估价的独立、客观、公正原则，合法原则，估价时点原则，替代原则，最高最佳利用原则，谨慎原则，不动产估价的基本程序，不动产估价报告内容与格式

第一节　不动产估价的基本原则

估价原则是指在房地产估价的反复实践和理论探索中，在认识不动产价格形成和变动客观规律的基础上，总结和提炼出的一些简明扼要的进行不动产估价所应依据的法则或标准。其目的是使不同的估价师对于不动产估价的基本前提具有认识上的一致性，对于同一估价对象在同一估价目的、同一估价时点的评估价值趋于相同或近似。

参考《房地产估价规范》（GB/T50291—2015），不动产估价的基本原则有：①独立、客观、公正原则；②合法原则；③估价时点原则；④替代原则；⑤最高最佳利用原则；⑥谨慎原则。其中，独立、客观、公正是不动产估价的基本要求，它不仅是不动产估价的基本原则，而且是不动产估价的最高行为准则。合法原则、最高最佳利用原则、估价时点原则、替代原则是在各种估价目的的不动产估价中都应遵循的技术性原则。不动产的抵押价值和抵押净值评估，除应遵循市场价值评估原则外，还应遵循谨慎原则。

一、独立、客观、公正原则

独立性原则是指评估机构应始终坚持第三者立场，不为资产业务当事人的利益所影响。评估机构应是独立的社会公正性机构，不能为资产业务中任何一方所拥有，也不能隶属于任何一方。遵循这一原则可以从组织上保证评估工作不受有

关利益方的干扰和委托者意图的影响。

客观性原则和公正性原则要求评估结果以充分的事实为依据。这就要求评估者在评估过程中以客观、公正的态度收集有关数据与资料，并要求评估过程中的预测、推算等主观判断建立在市场与现实的基础之上。此外，为了保证评估的客观、公正性，按照国际惯例，资产评估机构收取的劳务费用应该只与工作量相关，不与被评估资产的价值挂钩。

二、合法原则

遵循合法原则，估价结果应是在依法判定的估价对象状况下的价值或价格。此处的"法"为广义的"法"，包括：①有关法律、行政法规以及最高人民法院和最高人民检察院发布的有关司法解释；②估价对象所在地的有关地方性法规，国务院所属部门颁发的有关部门规章和政策；③估价对象所在地人民政府颁发的有关地方政府规章和政策；④估价对象的不动产登记簿、权属证书、有关批文和合同等。

遵循合法原则是指依法判定估价对象是哪种状况的房地产，就应将其作为那种状况的房地产来估价，而且，依法判定的估价对象状况通常是估价对象的实际状况，或者是有关合同、招标文件等约定的状况或者根据估价目的的需要设定的状况。

三、估价时点原则

估价时点原则要求估价结果是根据估价目的确定的某一特定时间的价值或价格。房地产估价之所以要遵循估价时点原则，是因为影响房地产价格的因素是不断变化的，房地产市场也是不断变化的，从而房地产价格和价值是不断变化的。这个时间既不是委托人也不是估价师可以随意假定的，而应根据估价目的来确定。这个由估价目的决定的所评估的价值对应的时间，称为估价时点，并一般用公历年、月、日表示。

评估估价对象价值所依据的市场状况始终是估价时点的状况，但估价对象状况不一定是估价时点的状况。估价时点、估价对象状况和不动产市场状况的关系通常具有以下 5 种情形（见表 3-1）：

表 3-1 估价时点、估价对象状况和不动产市场状况

情形	估价时点	估价对象状况	不动产市场状况	估价类型
1	现在	现在	现在	房地产抵押估价、房屋征收评估、司法拍卖估价、在建工程估价
2	现在	过去	现在	房地产损害赔偿和保险理赔案件中的估价
3	现在	将来	现在	期房价值评估
4	过去	过去	过去	回顾性估价，如房地产纠纷中估价鉴定或复核估价、重新估价，以及对过去评估的房地产抵押价值评估结果的鉴定
5	将来	将来	将来	预测性估价，如假设开发法中预测房地产在未来开发完成后的价值

四、替代原则

替代原则是指价格最低的同质商品对其他同质商品具有替代性。据此原理，在评估中面对几种相同或相似资产的不同价格时，应取较低者为评估值，或者说评估值不应高于替代物的价格。替代原则是价值评估的三种基本方法（市场法、收益法和成本法）的基础。

替代原则指出，在相同条件下，不动产价值上限往往是由获得同样理想替代品的成本决定的。审慎的投资者不会为收益性不动产支付比建造或购买类似不动产所需更高的任何费用。同样，审慎的承租人所支付的租金不会比租用同样理想的房产所支付的租金高。当几种商品或服务具有基本相同的效用或利益时，价格最低的商品或服务吸引的需求最大，分布最广。在收益法中，评估价值通常由购买一个能提供同样理想收入流的不动产所需的成本来决定。这一理论为在收益法中使用可比案例提供了基础。根据不动产估价法规，不动产的价格、租金和回报率往往是由同等理想的替代不动产的现行价格、租金和回报率决定的。

所有的财产，无论它们的物理属性和地理位置有多么不同，在一定条件它们在经济上（提供效用或获得收益）等方面是可替代的。替代原则与机会成本这一经济概念密切相关，机会成本认为经济选择的真正成本是由因选择而放弃的机会来衡量的。

替代原则要求评估人员从购买者的角度进行资产评估，因为资产评估值应是资产潜在购买者愿意支付的价格。遵循替代原则，估价结果应与类似房地产在同

等条件下的价值或价格偏差在合理范围内。

五、最高最佳利用原则

市场价值评估不仅要遵循合法原则，还要遵循最高最佳利用原则。我国《资产评估职业准则——不动产》（2017 年）中规定，当不动产存在多种利用方式时，应当在合法的前提下，结合经济行为、评估目的、价值类型等情况，选择和使用最优利用方式进行评估。

最高最佳利用原则要求估价结果是在估价对象最高最佳利用状况下的价值或价格。所谓最高最佳利用是指法律上允许、技术上可能、财务上可行并使价值最大的合理、可能的利用。不动产的最高最佳利用状况包括最佳的用途、规模和档次等，应按法律上允许、技术上可能、财务上可行、价值最大化的次序进行分析、筛选和判断确定。

在现实的不动产利用中，每个房地产拥有者都试图采取最高最佳利用方式充分发挥其不动产的潜力，以获取最大的经济利益。这一原则是不动产利用竞争与优选的结果。最高最佳利用原则要求评估价值应是估价对象在各种可能的合法利用中，能使其价值达到最大的利用的估价结果。

当估价对象权利人和意向取得者对估价对象依法享有的开发利用权利不同时，应根据估价目的确定是从估价对象权利人的角度还是从意向取得者的角度进行估价，再根据其对估价对象依法享有的开发利用权利，确定估价对象的最高最佳利用状况。

当估价对象已做了某种使用时，应在调查及分析其利用现状的基础上，对其最高最佳利用和相应的估价前提做出下列的判断和选择，并在估价报告中说明最为合理利用的前提，包括维持现状、更新改造前提、改变用途前提、扩大规模前提、重新开发前提等。

当估价对象的实际用途、登记用途与规划用途之间不一致时，政府或其有关部门对估价对象的用途有认定或处理的，应按其认定或处理结果进行估价；政府或其有关部门对估价对象的用途没有认定或处理的，应按下列规定执行：①登记用途、规划用途之间不一致的，可根据估价目的或最高最佳利用原则选择其中一种用途；②实际用途与登记用途、规划用途均不一致的，应根据估价目的确定估价所依据的用途。

六、谨慎原则

谨慎原则是不动产抵押价值评估应遵循的一项原则。该原则要求在影响估价对象价值的因素存在不确定性的情况下对其做出判断时，应充分考虑其导致估价对象价值偏低的一面，慎重考虑其导致估价对象价值偏高的一面。具体就房地产抵押价值评估来讲，在存在不确定因素的情况下做出估价相关判断时，应保持必要的谨慎，充分估计抵押房地产在抵押权实现时可能受到的限制、未来可能发生的风险和损失，不高估假定未设立法定优先受偿权下的价值，不低估房地产估价师知悉的法定优先受偿款。

《房地产抵押估价指导意见》指出，房地产抵押价值为抵押房地产在估价时点的市场价值，等于假定未设立法定优先受偿权利下的市场价值减去房地产估价师知悉的法定优先受偿款；并明确法定优先受偿款是指假定在估价时实现抵押权时，法律规定优先于本次抵押贷款受偿的款额，包括发包人拖欠承包人的建筑工程价款、已抵押担保的债权数额，以及其他法定优先受偿款。

对于如何遵守谨慎原则，《房地产抵押估价指导意见》针对不同的估价方法，为我们提出了具体要求。

（1）在运用收益法估价时，不应高估收入或者低估运营费用，选取的报酬率或者资本化率不应偏低。

（2）在运用市场法估价时，不应选取成交价格明显高于市场价格的交易实例作为可比实例，并应对可比实例进行必要的实地查看。

（3）在运用假设开发法估价时，不应高估未来开发完成后的价值，不应低估开发成本、有关费税和利润。

（4）在运用成本法估价时，不应高估土地取得成本、开发成本、有关费税和利润，不应低估折旧。

第二节　不动产估价程序

不动产估价程序是指对于一个不动产估价项目运作全过程中的各项具体工作，按照各个工作的先后时间次序进行排列，先干什么，后干什么，确保估价工作科学有序进行的工作流程。不动产估价必须按照科学的估价程序进行，才能提高工作效率和工作精度。一般包括：受理估价委托；确定估价基本事项；编制估价作业方案；收集估价所需资料；实地查勘估价对象；选用估价方法进行计算；确定估价结果；撰写估价报告；审核估价报告；交付估价报告；保存估价资料。

一、确定估价基本事项

获取估价业务是进行不动产估价的前提。无论是被动接受，还是主动争取，如果委托人有意将估价业务交给估价人员或估价机构，估价人员也有意受理，那么估价人员应与委托人商议沟通，对估价的收费标准、收费依据、支付方式、完成时间及有关估价的基本事项等加以明确。

对房地产评估而言，《房地产估价规范》（2015 年）规定，估价委托应由房地产估价机构统一受理，在接受估价委托时，应要求估价委托人出具估价委托书；决定受理估价委托后，应根据估价项目的规模、难度和完成时间确定参加估价的注册房地产估价师的数量，并选派两名能胜任该估价工作的注册房地产估价师共同进行估价，且应明确其中一人为项目负责人。除应采用批量估价的项目外，每个估价项目应至少有一名注册房地产估价师全程参与受理估价委托、实地查勘估价、拟定估价报告等工作。

受理了估价委托后，评估机构就要开始确定估价的基本事项。具体包括以下几个方面：

1. 明确估价基本要件

（1）明确估价目的。所谓估价目的，是指估价结果的期望用途。估价目的一般由委托方提出，主要包括土地使用权出让价格评估，不动产转让价格评估，不动产租赁价格评估，不动产抵押价值评估，不动产保险价值评估，不动产课税估价，征地和房屋征收补偿估价，不动产分割、合并估价，不动产纠纷仲裁估价，不动产拍卖底价评估。估价目的不同，估价时考虑的因素也有所不同，估价结果也就不同。

（2）明确估价对象。估价对象是指一个具体估价项目中需要估价的不动产，通常被称为评估标的，明确估价对象包括明确估价对象的物质实体状况和权益状况等，不动产的物质实体和权益与估价目的之间具有内在的必然联系。估价对象的物质实体范围由委托方提供，但由估价目的决定。有些不动产由于受权益状况所限不能用于某些估价目的，例如，部队营房、公益性学校的校舍等，通常不能用于以抵押贷款为目的的估价。

（3）明确估价时点。估价时点是指估价结果对应的日期。由于不动产价格总是变化的，因此，在评估时必须明确得出评估结论是在具体的某年、某月、某日。

（4）明确价值类型。价值类型一般是由估价目的决定的。明确价值类型就是确定将要评估的是哪种具体价值或价格，包括其名称、定义或内涵。如果价值类型不确定，将无法估价。因为同一房地产的不同类型的价值或价格会有所不同，即使估价方法相同，其中有关参数的取值等也可能不同。

2. 签订书面委托估价合同

委托估价合同是委托人和估价机构之间就估价事宜的相互约定。委托估价合同的内容一般包括：①委托人、估价机构（包括名称或者姓名和住所）；②估价目的；③估价对象；④估价时点；⑤委托人应提供的资料及对提供资料的真实性、合法性的承诺；⑥估价服务费用及其支付方式；⑦估价报告交付日期；⑧违约责任和解决争议的方法；⑨委托人和估价机构认为需要约定的其他事项。

二、编制估价作业方案

估价作业方案的内容包括拟采用的估价技术路线和估价方法，拟调查收集的资料及其来源渠道，预计所需要的时间、人力、经费，拟定作业步骤和作业进度，其中最重要的环节是初选估价方法和拟定需调查收集的资料。

1. 初选估价方法

估价人员应熟知、理解并正确运用各种估价方法并能够对其进行综合运用，初步选用何种估价方法取决于作为估价对象的不动产的类型、估价方法的适用条件等。

2. 拟定需调查收集的资料

调查收集资料的范围及内容的确定是由初选的估价方法决定的。若拟采用市场比较法估价，则须收集交易实例资料；若拟采用收益还原法估价，则须收集收益实例资料；若拟采用成本法估价，则须同时收集交易实例资料和成本实例资料；若拟采用基准地价系数修正法估价，则须收集基准地价资料等。

3. 安排其他估价作业环节

如估价作业中所需的时间、人力、经费、进度、评估师的擅长等，这些环节的安排与协调有助于估价的顺利进行。

三、收集估价所需资料

1. 收集宏观资料和市场状况资料

宏观资料和市场状况资料是指对不动产价格有普遍影响的资料和对估价对象

所在地区的不动产有影响的资料，包括政治制度、土地使用制度、住房制度以及相关的法律、法规；自然条件、城市规划、基础设施、公共设施人口数量、人口素质、家庭规模；不动产的需求状况、供给状况、出售和出租状况、空置状况等。

2. 收集估价方法所需资料

不同的估价方法所需的资料是不同的，在估价时应根据初选的估价方法，收集估价方法所需的资料。

3. 收集估价对象状况资料

估价对象状况资料包括区位、权益和实物三个方面。

（1）估价对象的区位资料：是指估价对象的具体位置及它与市中心、区域中心、车站、机场、政府机关、学校、医院、绿地等的距离和交通便利程度等。

（2）估价对象的权益资料：是指估价对象的权利、利益和收益。

（3）估价对象的实物资料：是指土地的开发程度、面积、形状等，建筑物的结构、建造年代、新旧程度、装修、外观和层次、朝向、房型等。

4. 实地查勘估价对象

实地查勘是指估价人员必须到现场亲身感受估价对象的位置、周围环境、景观的优劣，查勘估价对象的外观、建筑结构、装修、设备等状况，并对事先收集的有关估价对象的位置、周边环境、面积、产权等资料进行核实，同时收集补充估价所需的其他资料并对估价对象及其周围环境或临路状况进行拍照等。

四、选用方法确定结果

1. 选择合适的估价方法

根据初步选定的估价方法，结合待评估的不动产的情况，考虑评估中收集资料的情况，正式确定所采用的估价方法。

例如，某一写字楼需要估价，根据它的用途及权利性质，初步选择市场比较法作为估价方法之一。在市场调查及资料收集中发现，虽然该城市房地产市场很发达，但在频繁的房地产交易中主要是住宅不动产的交易，写字楼的交易实例很少，同一供需圈里在估价时点近期几乎没有交易案例，此时就不能采用市场比较法估价。

2. 确定估价结果

在评估时，对不同估价方法估算出的结果，应进行比较分析。当这些结果差异较大时，应寻找并排除出现差异的原因，如计算过程是否正确、基础数据是否准确、参数选择是否合理、公式选用是否恰当等。

在确认所选用的估价方法的计算结果无误之后，应根据具体情况选用简单算术平均数、加权算术平均数、中位数、众数等数学方法之一，求出一个综合结果，其中，最常用的方法是简单算术平均数法和加权算术平均数法。

在估价中，若各种估价方法得出的结果之间出现大的偏差（一般超过20%），则要重新检查各估价方法的计算过程、参数的选取、市场条件的判断等是否准确，要求至少有 2 种估价方法的估价结果相近。

五、完成估价报告

1. 撰写估价报告

估价人员在确定了最终的估价结果后，应撰写正式的估价报告。书面报告按照其格式又可分为表格式报告和叙述式报告，按照不动产的实物形式又可分为土地评估报告和房地产评估报告。通常采用叙述式报告即文字说明的形式。对于成片多宗不动产的同时估价，且单宗不动产的价值较低时，估价报告可以采用表格的形式，如旧城区居民房屋征收补偿估价、二手房交易时商品住宅的抵押估价报告等。

2. 审核估价报告

估价报告在交付估价委托人前，应对其内容和形式等进行审查核定，并形成审核记录，记载审核的意见、结论、日期和人员及其签名。为了保证出具的每份估价报告都是合格的，估价机构应建立并不断完善估价报告的内部审核制度，由本机构业务水平高、为人正直、责任心强的房地产估价师或者外聘房地产估价专家担任审核人员，按照合格估价报告的要求，对撰写完成尚未出具的报告从形式到内容进行全面、认真、细致地审查与核定，确定估价结果是否合理，提出审核意见。审核意见应尽可能具体地指出估价报告存在的问题，审核结论可为下列之一：①可以出具；②适当修改后出具；③应重新撰写；④应重新估价。

3. 交付估价报告

估价报告经内部审核合格后，应由不少于两名注册房地产估价师签名并加盖房地产估价机构公章，并应按有关规定和估价委托合同约定交付估价委托人。估价人员完成估价报告后，应及时将估价报告交付给委托人。在交付估价报告时，还可就估价中的某些问题做口头说明，至此便完成了对委托人的估价服务。

估价报告交付估价委托人后，不得擅自改动、更换、删除或销毁下列估价资料：估价报告、估价委托书和估价委托合同、估价所依据的估价委托人提供的资料、估价项目来源和沟通情况记录、估价对象实地查勘记录、估价报告内部审核记录、估价中的不同意见记录、外部专业帮助的专业意见。

4. 保存估价资料

保存估价资料，也就是将估价资料归档保存，主要是为了便于今后的估价和管理，有助于估价机构和估价人员不断提高估价水平，同时也有助于解决以后可能发生的估价纠纷，还有助于政府主管部门和行业自律性组织对估价机构进行资质审查和考核。应归档的估价资料包括：①委托估价合同；②向委托人出具的估价报告（包括附件）；③实地查勘记录；④估价项目来源和接洽情况；⑤估价中的不同意见和估价报告定稿之前的重大调整或修改意见；⑥估价人员和估价机构认为有必要保存的其他估价资料。对估价资料的保存时间一般应在 10 年以上，保存期限应自估价报告出具之日起计算。

第三节　不动产估价报告的撰写

一、不动产估价报告的目的

一般来说，编写不动产估价报告的目的主要有四个：

第一，结束估价委托，向委托方说明估价工作已经完成。

第二，估价报告中的估价结果是双方都最为关心的敏感问题。

第三，估价报告中的有关估价结果的情况说明，既限定了估价结果的应用条件，也明确了估价机构和估价人员的责任界限。

第四，对估价过程、资料的收集与分析、方法选择与测算、估价结果的确定等方面加以详细记载，体现估价结果的科学性，增强可信度，并且可以为估价机构的申诉提供依据。估价报告是提供给委托方的符合专业标准的评估结论，能够使委托方及与估价相关的其他各方了解估价工作的过程、依据、测算方法，从而理解估价结果的科学合理性。

二、不动产估价报告内容

不动产估价报告更多的是房地产估价报告，所以下面以房地产估价报告为例来说明不动产估价报告内容。《房地产估价规范》为国家标准（编号为 GB/T50291—2015）规定，估价报告应采取书面形式，并应真实、客观、准确、完整、清晰、规范，一份完整的房地产估价报告通常由 8 个部分组成：封面、致委托人函、目录、估价师声明、估价的假设和限制条件、估价结果报告、估价技术报告、附件。

1. 封面

封面的内容一般包括以下几项。

（1）标题。这是指估价报告的名称，如"房地产估价报告"。

（2）估价项目名称。封面上的估价项目要写清项目的全称，其中重点要突出估价对象所在的区位及物业名称，如"××市××区××广场×号"为估价对象的区位，"××大厦"为估价对象的物业名称。

（3）委托人。封面上的委托人，只要准确无误地写明其全称即可。如"××大厦酒店有限公司"为委托人的全称。如果是个人委托评估，要写明委托人的姓名。

（4）估价机构。封面上的估价机构，同委托人相对应，准确无误地写明估价机构的全称即可，如"××房地产估价公司"为估价机构的全称。

（5）估价人员证书号。封面上所写的估价人员，主要是指参加本次评估的项目负责人或主要估价师，要写明估价师的证书号。

（6）估价作业日期。封面上的估价作业日期，是指本次估价的起止年月日，即正式接受估价委托的年月日至完成估价报告的年月日。需要注意的是，封面上的估价作业日期要与估价结果报告中的估价作业日期相一致。

（7）估价报告编号。封面上的估价报告编号即本估价报告在本估价机构内的报告编号。将估价报告编号写在封面上便于估价报告的查阅及档案管理。估价报告编号应反映估价机构简称、估价报告出具年份，并应按顺序编号数，不得重复、遗漏、跳号。

2. 致委托人函

致委托人函是正式将估价报告呈送给委托人的信函，在不遗漏必要事项的基础上应尽量简洁。其内容一般包括以下几项。

（1）致函对象。应写明估价委托人的名称或姓名。

（2）估价目的。应写明估价委托人对估价报告的预期用途，或估价所满足的估价委托人的具体需要。

（3）估价对象。应写明估价对象的财产范围及名称、坐落、规模、用途、权属等基本状况。

（4）价值时点。应写明所评估的估价对象价值或价格对应的时间。

（5）价值类型。应写明所评估的估价对象价值或价格的名称，当所评估的估价对象价值或价格无规范的名称时，应写明其定义或内涵。

（6）估价方法。应写明选择的估价方法的名称。

（7）估价结果。应写明最终评估价值的总价，并应注明其大写金额；除估价对象无法用单价表示外，还应写明最终评估价值的单价。

（8）特别提示。应写明与评估价值和使用估价报告、估价结果有关的引起估价委托人和估价报告使用者注意的事项。

（9）致函日期。是指致函时的年月日。

此外，致委托人函应加盖估价机构公章，不得以其他印章代替公章，法定代表人或执行合伙人宜在其上签名或盖章。

3. 目录

估价报告目录部分的编写，需要注意与后面的报告内容相匹配，特别是所对应的估价报告的页码应准确无误。目录中通常按前后次序列出估价报告的各个组成部分的名称、副标题及其对应的页码，以使委托人或估价报告使用者对估价报告的框架和内容有一个总体了解，并容易找到其感兴趣的内容。

4. 估价师声明

在估价报告中应包含一份由估价师签名、盖章的声明，它告知委托人和估价报告使用者，估价师是以客观无偏见的方式进行估价的，同时对签名的估价师也是一种警示。估价师声明应写明所有参加估价的注册房地产估价师对其估价职业道德、专业胜任能力和勤勉尽责估价的承诺和保证。不得将估价师声明变成注册房地产估价师和评估机构的免责声明。估价师声明通常包括以下内容。

（1）估价报告中估价人员陈述的事实是真实的和准确的。

（2）估价报告中的分析、意见和结论是估价人员自己公正的专业分析、意见和结论，但受估价报告中已说明的假设和限制条件的限制和影响。

（3）估价人员与估价对象没有（或有，已载明的）利害关系，也与有关当事人没有（或有，已载明的）个人利害关系或偏见。

（4）估价人员是依照中华人民共和国国家标准《房地产估价规范》进行分析，形成意见和结论，撰写估价报告。

（5）估价人员已（或没有）对估价对象进行了实地查勘，并应列出对估价对象进行实地查勘的估价人员的姓名。

5. 估价的假设和限制条件

（1）一般假设。说明对估价所依据的估价对象权属、面积、用途等资料进行了检查，在无理由怀疑其合法性、真实性、准确性和完整性且未予以核实的情况下，对其合法性、真实性、准确性和完整性的合理假定；对房屋安全、环境污染等影响估价对象价值或价格的因素予以了关注，在无理由怀疑存在安全隐患且无相应的专业机构检测或鉴定的情况下，对其安全性等的合理假定。

（2）未确定事项假设。应说明对估价所必需的尚未明确或不够明确的土地用途、容积率等事项所做的合理的、最可能的假定，当估价对象无未定事项时，应无未定事项假设。

（3）背离实际情况假设。说明因估价目的的特殊需要、交易条件设定或约定，对估价对象所做的与实际情况不一致的合理假定。

（4）不相一致假设。说明在估价对象的实际用途、登记用途、规划用途等用途之间不一致，或不同权属证明上的权利人之间不一致，估价对象的名称或地址不一致等情况下，对估价所依据的用途或权利人、名称、地址等的合理假定。

（5）依据不足假设。应说明在估价委托人无法提供估价所必需的反映估价对象状况的资料及注册房地产估价师进行尽职调查仍然难以取得该资料的情况下，缺少该资料及对相应估价对象状况的合理假定。

（6）估价报告使用限制。应说明估价报告和估价结果的用途、使用者、使用期限等使用范围及在使用估价报告及估价结果时需注意的其他事项。其中，估价报告使用期限应自估价报告出具之日起计算，根据估价目的和预计估价对象的市场价格变化程度来确定，不宜超过一年。

6. 估价结果报告

估价结果报告需要说明以下内容。

（1）标题。估价结果报告的标题要表述完整。即要写明是关于哪个估价项目的估价结果报告。

（2）委托人。估价结果报告上的委托人，不仅要写明本估价项目的委托单位的全称，还要写明委托单位的法定代表人和住所；如果是个人委托评估，不仅要写明委托人的姓名，还要写明其住所和身份证号码。

（3）估价机构。估价结果报告上的估价机构，与委托人相对应，不仅要写明本估价项目的估价机构的全称，还要写估价机构的法定代表人、住所，以及估价机构的资格等级。

（4）估价对象。概要说明估价对象的状况，包括物质实体状况和权益状况。其中，对土地的说明应包括：宗地名称、《国有土地使用证》编号、坐落、面积、形状、土地是出让的还是划拨的、土地用途、四至、周围环境、景观、基础设施完备程度、土地平整程度、地势、地质、水文状况、规划限制条件、利用现状、权属状况；建筑结构、装修、设施设备、平面布置、工程质量、建成年月、维护、保养、使用情况、公共配套设施完备程度、利用现状、权属状况等。还需要表述宗地容积率、覆盖率等。对于多宗地，应按宗地分别叙述各宗地及其地上附着物的情况。

（5）估价目的。估价目的要说明本次估价的目的和应用方向。

（6）估价时点。估价时点是所评估的估价项目客观合理价格或价值对应的年月日。估价时点也是估价结果所对应的日期。

（7）价值定义。价值定义要说明本次估价所采用的价值标准或价值内涵，如公开市场价值。

（8）估价依据。说明估价所依据的法律、法规和标准，委托人提供的有关资料，估价机构和估价人员掌握、收集的有关资料。

（9）估价原则。估价原则要说明本次估价遵循的房地产估价原则。

（10）估价方法。估价方法要说明本次估价所采用的方法以及这些估价方法的定义及公式。

（11）估价结果。估价结果是本次估价的最终结果，应包括总价和单价，并附人民币大写。若多宗地，应分别说明各建筑物总价和单价。若用外币表示，应说明估价时点中国人民银行公布的人民币市场汇率中间价，并注明所折合的人民币价格。

（12）估价人员。列出所有参加该估价项目的估价人员的姓名及资格证书号，并由本人签名、盖章。

（13）实地查勘期。说明实地查勘估价对象的起止日期，具体为进入估价对象现场之日起至完成实地查勘之日止。

（14）估价作业日期。估价作业日期是本次估价的起止日期，需要注意的是要与封面上的估价日期相一致。

7. 估价技术报告

估价技术报告一般包括以下内容。

（1）个别因素分析。估价对象描述与分析，应有针对性地较详细说明、分析估价对象的实物状况和权益状况。土地实物状况应包括土地面积、形状、地势、地质、土壤、开发程度等；建筑物实物状况应包括建筑规模、建筑结构、设施设备、装饰装修、空间布局、建筑功能、外观、新旧程度等。权益状况应包括用途、规划条件、所有权、土地使用权、共有情况、用益物权设立情况、担保物权设立情况、租赁或占用情况、拖欠税费情况、查封等形式限制权利情况、权属清晰情况等。

（2）区域因素分析。详细分析估价对象的区位状况，包括位置、交通、外部配套设施、周围环境等，单套住宅的区位状况还应包括所处楼幢、楼层和朝向。

（3）市场背景分析。说明和分析类似房地产的市场状况，包括过去、现在和可以预见的未来。市场背景分析说到底是要分析影响类似房地产价格的主要因素。由于估价对象的类型不同，估价的目的不同，影响其市场价格变动的主要因素会有所不同。

（4）最高最佳使用分析。以估价对象的最高最佳利用状况为估价前提，并有针对性地较详细分析、说明估价对象的最高最佳利用状况。当估价对象已为某种利用时，应从维持现状、更新改造、改变用途、改变规模、重新开发及它们的某种组合或其他特殊利用中分析、判断何种利用为最高最佳利用。

（5）估价方法选用。逐一分析比较法、收益法、成本法、假设开发法等方法是否适用于估价对象。对于理论上不适用的，简述理由；对于理论上适用但客观条件不具备而不能选用的，充分陈述不选用的理由。对于选用的估价方法，简述选用的理由并说明估价技术路线。

（6）估价测算过程。估价测算过程就是要详细说明运用某种估价方法的全部测算过程及相关参数的确定。尤其是技术复杂的估价报告，报告的作者要在准确掌握各种估价方法的基础上，按照估价方法的操作步骤，因果关系明确、条理清楚地表述每种估价方法的测算过程，对于相关参数的确定既要符合有关数学公式的要求，又要符合逻辑推理。

（7）估价结果确定。估价结果确定就是要说明本次估价的最终结果是多少，并且它是如何确定的。我们在估价报告中要采用两种或两种以上的方法进行估价测算，用不同估价方法得出的结论会有一定的差异，因此最终选用何种数学方法确定估价结果或对其进行进一步调整都需在此部分说明理由。

8. 附件

把可能会打断叙述部分的一些重要资料放入附件。附件通常包括估价对象的位置图、四至和周围环境的图片、土地形状图、建筑平面图、建筑物外观和内部状况的图片、项目有关批准文件、估价对象的产权证明、估价中引用的其他专用文件资料、估价人员和估价机构的资格证明以及专业经历和业绩等。

本章小结

  不动产估价原则是指在房地产估价的反复实践和理论探索中，在认识不动产价格形成和变动客观规律的基础上，总结和提炼出的一些简明扼要地进行不动产估价所应依据的法则或标准。其目的是使估价师产生认识上的一致性和估价趋同性。不动产估价主要有6个基本原则：独立、客观、公正原则；合法原则；估价时点原则；替代原则；最高最佳利用原则；谨慎原则。

  不动产估价程序规范了估价师的执业行为和流程。完整的不动产估价程序包括11个方面：受理估价委托；确定估价基本事项；编制估价作业方案；收集估价所需资料；实地查勘估价对象；选用估价方法进行计算；确定估价结果；撰写估价报告；审核估价报告；交付估价报告；保存估价资料。

  在估价流程中，撰写不动产估价报告是最重要的一环，也是估价结果的最终呈现。根据国家估价规范，估价报告应采取书面形式，并应真实、客观、准确、完整、清晰、规范，一份完整的房地产估价报告通常由8个部分组成：封面、致委托人函、目录、估价师声明、估价的假设和限制条件、估价结果报告、估价技术报告、附件。

章后习题

一、单项选择题

1. 估价师将估价结果确定为根据估价目的确定的某一特定时间的价值或价格，这是为了满足（　　）。
   A. 合法原则
   B. 估价时点原则
   C. 替代原则
   D. 最高最佳利用原则

2. 估价师评估将估价结果确定为估价对象在法律上允许、技术上可能、财务上可行的价值，这是为了满足（　　）。
   A. 合法原则
   B. 估价时点原则
   C. 谨慎原则
   D. 最高最佳利用原则

3. 根据我国房地产估价规范，估价机构决定受理估价委托后，应并选派（　　）名能胜任该估价工作的注册房地产估价师共同进行估价。
   A. 1
   B. 2
   C. 3
   D. 4

4. 估价师在收集估价对象状况资料时，不需要收集的资料为（　　）。
　　A. 区位资料　　　　B. 权益资料　　　　C. 实物资料　　　　D. 历史资料
5. 估价报告在交付估价委托人前，应对其内容和形式等进行审查核定，审核结论不包括（　　）。
　　A. 可以出具　　　　　　　　　　B. 适当修改后出具
　　C. 应重新撰写　　　　　　　　　D. 无效报告
6. 估价报告中应该至少包括 5 个假设，其中（　　）不属于这些假设。
　　A. 持续经营假设　　　　　　　　B. 未确定事项假设
　　C. 背离实际情况假设　　　　　　D. 不相一致假设

二、简答题

1. 简述不动产评估的基本流程。
2. 简述不动产评估的基本事项。
3. 简述不动产评估报告的内容。

三、论述题

论述不动产评估程序和其他资产评估程序的异同以及其原因。

## 第四章

市场法

主要知识点

市场法的理论依据和适用对象、可比实例的选择、交易情形修正、市场状况调整、不动产状况调整、市场法的计算公式

第一节　市场法概述

市场法（Market Comparison Approach），又称为市场比较法、交易实例法、现行市场法等。市场比较法的基本含义是，在评估一宗待估不动产的价格时，根据替代原则，将待估不动产与类似不动产的近期交易价格进行对照比较，通过对交易情况、交易日期、区域因素和个别因素等的修正，得出待估不动产在评估基准日的合理价格。市场法的本质是以可比不动产的市场交易为导向求取估价对象的市场价值。可比不动产是指与估价对象不动产状况相同或者相当、成交日期与估价时点接近、交易类型与估价目的相吻合、成交价格为正常市场价格或能够修正为市场正常价格的交易实例。

一、市场法的基本原理

市场法的基本原理是经济学中的替代原理。在市场经济中，经济主体的行为普遍追求效用最大化。即在同一时间、同一地点出现两种或两种以上效用相同或者可以替代的商品时，在价格不同的前提下，理性消费者会选择价格相对较低的商品；若价格相同，则理性消费者会选择效用相对较高的商品。

不动产因自身的地理位置不同、构造不同以及不同的土地性质而具有独特性，不像其他产品具有完全可替代性。从理论上讲，效用相等的不动产经过市场的竞争，其价格最终会趋于一致。因此，消费者在选购不动产时必定会与其他不动产相比，而市场比较法正是通过比较进行定价，符合消费者行为规律。与此同

时，由于不动产市场上相似的不动产价格趋于一致，相互牵制，能够有效地防止不动产价格偏离市场价格范围，有利于不动产市场的发展。在不动产实际交易中，不动产位置的固定性、交易的个别性等因素将导致不动产价格发生异常偏离。但评估人员基于专业知识和经验，通过对交易情况、交易日期、区域因素、个别因素等一系列因素的调整修正，可以使待估案例与交易案例之间基本满足替代关系存在的条件。

与其他评估方法相比，市场法具有以下特点：

第一，市场法具有现实性。市场法主要是利用近期发生的与待估不动产具有替代性的交易实例作为比较标准，通过修正来推算待估不动产具有替代性的价格，这样可以很清晰地反映出近期不动产市场的行情，因此使用该方法测算出来的不动产价格具有现实性。

第二，市场法以替代关系为基础。市场法利用已经发生的交易实例的价格与待估不动产价格之间的替代关系，通过比较来求取待估不动产的价格。

第三，市场法以正常价格来求取价格。运用市场法评估不动产的价格，是在市场交易实例的基础上，通过对交易实例价格的修正求得待估不动产的价格。在非正常市场条件下，如不动产市场过度炒作，泡沫经济暴发等因素，会使不动产的估价偏离不动产的本身特征，无法与收益价格相协调。

第四，市场法对评估人员要求较高。市场法需要正确选择比较实例，评估结果准确性的关键在于合理修正交易价格和正确选择比较实例。评估人员要全面准确地调查市场资料，合理选择比较实例，并将比较实例与评估对象进行全面细致的比较，确定适当的修正系数，以保证评估结果的准确性。因此，应用市场法要求估价人员具备多方面的知识与丰富的经验，否则很难获得客观的结果。

二、市场法的适用范围

1. 市场法的有效性

在同一地区或同一供求范围内的类似地区中，当与待估不动产相类似的不动产交易较多时，市场法才是有效的评估方法。市场法比较适用的对象是具有交易性的不动产，如普通的商品住宅、别墅、房地产开发用地、写字楼、标准工业厂房、商场等。

2. 市场法的限制性

在下列情况中，市场法通常难以适用：在没有不动产交易或在较长一段时间没有发生不动产交易的地方，在农村等不动产交易发生比较少的地方；某些类型很少见的不动产，如古建筑、特殊厂房、博物馆；那些很难成为交易对象的房地产，如教堂、寺庙等；风景名胜土地和矿产资源用地；很少发生交易的房地产，如学校、医院、行政办公楼等；可比性很差的房地产，如在建工程等。

一切具有可比案例的待估不动产，都可以应用市场法进行评估。但是，应用市场法必须注意该方法的限制条件，这样才能保证评估结果的科学性和准确性。市场法的限制条件主要有以下几个方面：

（1）近期性。市场法建立在替代原理基础之上，因而所选取的交易案例必须是近期发生的，否则就难以满足替代条件存在的要求。相同效用的商品具有相同的价格，但这是指在同一时段内，因为即使是同样的产品，在不同的时期价格也不相同。一般情况下，所选取的交易案例资料最好是近 1 年以内的。

（2）可替代性。在运用市场法时，所选取的交易案例必须与待估不动产具有相似性。如不动产所处的区位条件、建筑物的结构、物业的类型、用途等。这种相似性越大，评估的结果就越具有真实性。为了保证这种可替代性，应当选取类似不动产作为可比案例。

（3）大量性。从理论上说，市场法需要拥有估价对象所在地的大量、真实成交的不动产交易实例，交易案例资料越多越好。不动产估价机构和不动产估价师应努力收集较多的交易实例，建立不动产买卖、租赁等交易实例库。但在现实评估中，寻找类似交易案例是非常困难的，为了消除比较修正过程中出现的各种误差，较好地得到评估结果，一般要求可供比较的交易案例资料至少有 3~5 个。

（4）正常性。这是指交易案例必须是正常交易，而不是非正常情况下的交易，如破产拍卖、协议出让等。正常交易应当是当事人在完全了解相关信息的条件下，经过充分的竞价和充足的考虑，达成相互自愿且无欺瞒的交易。可作为市场法估价的价格依据的，应是交易实例的成交价格。挂牌价等非成交价格，只能作为估价的参考，不能作为估价的依据。

（5）合法性。可比实例与估价对象的财产范围相同，是合法的。这里的合法性包含两个方面的内容：一是所选取的交易案例必须是合法交易，否则交易价格将会出现较大差异；二是参照物与被评估资产适用的法律背景是相似的。

三、市场法的基本步骤

1. 收集交易实例

应收集的交易实例的信息包括：交易实例的基本状况，成交日期、价格，交易情况等。

2. 选取可比实例

作为可比交易实例应当具备以下条件：在区位、用途、规模、建筑结构、档次、权利性质等方面与评估对象类似；成交日期与评估基准日接近；交易类型与评估目的相适合；成交价格为正常价格或者可以修正为正常价格。

3. 建立比较基础

选取可比实例后，应建立比较基础，对可比实例的成交价格进行标准化处理。标准化处理应包括统一财产范围、统一付款方式、统一融资条件、统一税费负担和统一计价单位。

4. 进行交易情况修正

交易情况修正是将参照物实际交易情况下的价格修正为正常交易情况下的价值。

5. 进行市场状况调整

市场状况调整是指消除成交日期的市场状况与价值时点的市场状况不同造成的价格差异，将可比实例在其成交日期的价格调整为在价值时点的价格，将参照物成交日期的价格修正为评估基准日的价值。

6. 进行不动产状况调整

不动产状况调整应消除可比实例状况与估价对象状况不同造成的价格差异，包括区位状况调整、实物状况调整和权益状况调整。

7. 计算比较价值

对经修正和调整后的各个可比实例价格，应根据它们之间的差异程度、可比实例不动产与估价对象不动产的相似程度、可比实例资料的可靠程度等情况，选用简单算术平均、加权算术平均等方法计算比较价值。

第二节　收集交易实例与选择可比实例

一、收集交易实例

收集交易实例对市场法而言是必要的，其原因包括：首先，大量的交易案例对于评估人员对待评估房地产所在市场情况的了解有所帮助，可以起到避免评估结果与合理范围差距较大的作用。其次，大量的交易实例可以给评估人员选择可比案例提供丰富的选项，评估人员可以从众多选择中找到与待评估不动产比较因素最接近、差异最小的比较实例，让评估结果更加精确。最后，收集交易实例不仅仅是针对某个评估项目单独进行的，更多的是要靠估价机构和评估师的长期积累，这样才能保证在进行估价时有丰富的案例可供参考，这也可以为资产评估师积累经验。

1. 收集交易实例的内容

（1）交易实例房地产的基本状况。这主要包括名称、坐落、四至、面积、用途、产权状况、土地形状、土地使用期限、建筑物建成日期、建筑结构、周围环境等。

（2）成交价格。这包括单价、总价以及计价方式（如按照建筑面积计价、按套内建筑面积计价、按使用面积计价、按套计价等）。

（3）成交日期。这是指交易的具体日期。

（4）付款方式。这主要包括一次性付款或分期付款（包括付款期限、每期付款额或付款比率）、贷款方式付款。

（5）交易情况。这主要包括交易双方、交易目的、交易方式（协议、招标、拍卖、挂牌等）、交易正常情况（是否急于出售，有无利害关系人等）、交易税费负担方式（双方是按照规定或惯例各自缴纳税费还是全部费用由一方承担等）。

2. 交易实例收集途径

不动产交易作为一个大笔资金的流动，拥有许多信息交易记录，评估人员可以通过以下几个途径收集交易实例：

第一，查阅政府有关部门关于不动产交易的资料。不动产产权的取得与变更等都需要到相关部门登记，不动产权利人转让不动产时会向有关部门申报成交价格材料。政府出让建设用地使用权的价格资料，政府或其授权的部门确定、公布的基准地价、房屋重置价格及房地产市场价格资料，都是交易实例的来源。

第二，走访经纪机构和经纪人，了解其经手的不动产交易。目前不动产市场上专业的不动产机构和经纪人的出现给不动产交易带来了巨大的便利，这些经纪机构和经纪人拥有大量近期的交易实例，其手中的数据往往与市场实际情况更加贴合。

第三，实现评估机构、评估人员之间的信息共享。同行业之间各自拥有的交易实例可以通过协作方式进行交流，成为交易实例积累的来源。

第四，与不动产交易当事人、律师等参与不动产交易的相关人员了解交易信息。这是一种比较直接的获得交易信息的方式。与不动产出售者或其代理人，如业主、开发商、经纪人等求取不动产的价格等资料。

二、可比实例的选择

通过以上多种途径接触交易实例时，要有针对性地收集数据，重点收集影响价格的、易量化可比的、能体现与待估不动产之间差异的项目。在积累了大量的交易案例的基础上，选择与待估不动产最具有可比性的交易实例将会使评估工作较为简便。在现实操作中，将收集到的大量交易实例都用于计算比较价格是较为不现实的，因为这个工作相当烦琐，而且大量的交易案例和待估不动产相差较多，用它们的价格进行调整计算出来的比较价格精确度不高，这将影响整体的估价精准度。为了使比较价格尽可能准确，作为可比实例的交易案例必须经过筛选，从而更加具有针对性，更便于作为待评估不动产的估价参照。

可比实例的选取要符合以下一些要求：

1. 估价时间

所选择的可比实例的成交日期与评估时间越近，所得评估价格越接近于市场水平。不动产市场价格随着时间变化而变动的过程无法用一个模型来模拟，因此只能尽量依靠时间的接近来保证所估价位与估价时点的市场价位相近。与此同时，估价人员需要基于一定的估价经验来确定时间上的差距具体对应的参数调整比例。通常选取最近一年内成交的交易实例作为可比对象。

2. 不动产的交易类型

应选取与估价对象相同的交易实例。不动产交易按类型不同可以分为买卖、租赁等。不同类型的交易价格的形成不同，自然不具有可比性。即使都是买卖不动产，但付款方式的不同也会造成价格的不可比，不过此时的不可比是假性不可比，可以通过价格折现等方式来调整，比如将其修正为具有可比性的同一时点的价格。但是，从估价目的的角度来看，抵押、折价、变卖、房屋拆迁等一般不会有合适的过往的交易实例，因此往往采用买卖实例作为可比实例，将买卖价格作为估价参考内容。

3. 不动产的交易情况

在公开的不动产市场上，买卖双方对市场信息充分了解，以平等自愿的方式达成交易，这种情况下的价格最能反映市场情况。但有时候我们会因为种种因素进行不正常交易，比如因资金周转而急于出售不动产、因买卖双方利益关联而采取不正常的交易价格（偏高或偏低），所以评估人员需要对不正常价格进行调整，以得到正常交易情况下的价格，若不正常交易比较复杂不易转换为正常价格，则不适合作为可比实例。

通常下列特殊交易情形下的交易实例不宜选为可比实例：利害关系人之间的交易；对交易对象或市场行情缺乏了解的交易；被迫出售或被迫购买的交易；人为哄抬价格的交易；对交易对象有特殊偏好的交易；相邻房地产合并的交易；受迷信影响的交易等。

4. 不动产的基本情况

不动产的基本情况具体包括以下几个方面：

（1）不动产交易受到当地经济繁华程度、交通便利情况，各种配套设施、附近商圈等因素影响。因此，在选择不动产可比实例时要注意选择同一商圈的交易实例，考虑道路、临街等因素，相比较的两者越接近越好。

（2）建筑结构。建筑结构大类包括钢结构、钢筋混凝土结构、砖混结构、砖木结构和简单结构，不同结构的不动产在造价、功能、质量方面也不同，应尽量选择相同建筑结构大类的交易实例来比较。若小类结构也相同则更好，建筑结构小类指的是某个大类下面的一等、二等、三等；此外，针对居住型房地产来说，户型等房屋结构也是一个不可忽视的因素，它是影响居住质量的重要因素，通风、采光等因素会依所在地域的地理特点而对房地产的价格产生影响，因此在不同户型的价格上要注意调整和选择。

（3）规模。一般选取的可比实例与待估对象的规模不能相差太大，必须在一定范围内。可比实例规模一般应在估价对象规模的 1/2 至 2 倍范围内。

（4）权利性质。权利性质不同的不动产不具有可比性，比如经济适用房和商品住宅的权利性质不同，不应该将前者作为后者的可比实例，因为这种差异不能简单地靠修正来调整得到合适的价格。

（5）利用方式。当同一个不动产的利用方式不同时，其价值也不同。显然，作为居民用途和商业用途的房地产所能带来的收益不同；同样是居住型的房地产，经济适用房与作为酒店式公寓等高档公寓的经济效益也不同；宾馆、写字楼由于级别不同也不具有可比性。有些学者认为，所选可比实例的规模应在估价对象规模的 1/2 至 2 倍范围内。

【例4.1】现有一商业区中的商场需要评估其市场价值，有以下 5 个交易实例，可选择作为可比案例的实例：

A：面积 1100 平方米，近期出租，年租金 90 万元，位于同一商圈。

B：面积 2500 平方米，三年前出租，年租金 160 万元。

　　C：面积 5000 平方米，现在空置。

　　D：面积 1100 平方米，近期出租，年租金每平方米 660 元，位于 2 千米以外的另一居民楼。

　　E：面积 1500 平方米，近期售出，卖价 1400 万元，位于同一商圈。

　　【答】实例 B 缺乏时间的接近性，作为可比实例不佳；实例 C 没有可比价格；实例 D 缺乏地域的相似性，也不佳。因此，只有实例 A 和实例 E 可以作为可比实例。

三、建立可比基础

　　建立可比基础主要是对可比实例的成交价格进行标准化处理。根据我国《房地产估价规范》，标准化处理至少应包括"五统一"，具体应符合下列规定：

1. 统一财产范围

　　应对可比实例与估价对象的财产范围进行对比，并应消除因财产范围不同造成的价格差异。

2. 统一付款方式

　　应将可比实例不是成交日期或一次性付清的价格，调整为成交日期且一次性付清的价格。

3. 统一融资条件

　　应将可比实例在非常规融资条件下的价格调整为在常规融资条件下的价格。

4. 统一税费负担

　　应将可比实例在交易税费非正常负担下的价格调整为在交易税费正常负担下的价格。

5. 统一计价单位

　　应包括统一为总价或单价、楼面地价，统一币种和货币单位，统一面积或体积等的内涵和单位等。不同币种之间的换算宜按国务院金融主管部门公布的成交期的市场汇率中间价计算。

第三节 交易情况修正与状况调整

市场法是通过对一系列因素的修正来得到在特定时点下的待评估房地产的交易价格，具体包括交易情况修正、市场状况调整和不动产状况调整。这些修正和调整可以根据具体情况基于总价或单价，采用金额、百分比或回归分析法，通过直接比较或间接比较，对可比实例的成交价格进行处理。

《房地产估价规范》（2015 年）规定：分别对可比实例成交价格的单项修正或调整幅度不宜超过 20%，共同对可比实例成交价格的修正和调整幅度不宜超过 30%，经修正和调整后的各个可比实例价格中，最高价与最低价的比值不宜大于 1.2。

一、交易情况修正

可比实例的成交价格是实际发生的，它可能是正常的，也可能是不正常的。不动产评估要求被评估不动产的价值是客观合理的。而在实际的市场经济活动中，不动产成交价格往往易受交易中的一些特殊因素的影响，比如利害关系人之间的交易、强迫出售或强迫买卖的交易、交易双方或者某一方对市场行情缺乏了解等都可能造成不动产价格偏离正常市场价格。因此，若可比实例的成交价格是不正常的，则应当把它修正为正常的市场价格。

常见的交易情况修正方法包括金额修正与百分比修正。

（1）金额修正一般公式为：

可比实例成交价格±交易情况修正金额＝可比实例正常价格

（2）百分比修正一般公式为：

可比实例成交价格×交易情况修正系数（A）＝可比实例正常价格

如果可比实例的成交价格高出和低于其正常价格的百分率为 S%，则百分比修正系数 A 为

$$A = \frac{100}{(\quad)} = \frac{正常交易情况指数}{可比实例交易情况指数} = \frac{1}{1 \pm S\%}$$

【例 4.2】某不动产的可比实例的成交价格为 9000 元/平方米，比其正常价

格低 10%，计算交易情况修正后价格。

【解】

$$可比实例正常价格=可比实例成交价格\times\frac{1}{1-S\%}$$

$$=9000\times1/（1-10\%）=10000\ 元/平方米$$

在交易情况修正中，在不同的缴纳税费分摊方式下，全额和百分比交易修正公式如下：

$$正常成交价格-应由卖方缴纳的税费=卖方实得金额$$

$$正常成交价格+应由买方缴纳的税费=买方实付金额$$

$$应由卖方缴纳的税费=正常成交价格\times应由卖方缴纳的税费比率$$

$$应由买方缴纳的税费=正常成交价格\times应由买方缴纳的税费比率$$

$$正常成交价格=\frac{卖方实得金额}{1-应由卖方缴纳的税费比率}=\frac{买方实付金额}{1+应由买方缴纳的税费比率}$$

【例4.3】 正常交易价格为 2500 元/平方米，卖方应缴纳的税费为正常成交价格的 7%，买方应缴纳的税费为正常成交价格的 5%。请计算卖方实得金额和买方实付金额。

【解】

$$卖方实得金额=正常成交价格-应由卖方缴纳的税费$$

$$=2500-2500\times7\%$$

$$=2325（元/平方米）$$

$$买方实付金额=正常交易价格+应由买方缴纳的税费$$

$$=2500+2500\times5\%$$

$$=2625（元/平方米）$$

【例4.4】 某宗房地产交易的买卖双方在买卖合同中约定买方付给卖方 2325 元/平方米，买卖中涉及的税费均由卖方承担。据悉，该地区房地产买卖中应由卖方、买方缴纳的税费分别为正常成交价格的 7% 和 5%。请求取该宗房地产的正常成交价格。

【解】 已知卖方实得金额为 2325 元/平方米，则该宗房地产的正常成交价格求取如下：

$$正常成交价格=\frac{卖方实得金额}{1-应由卖方缴纳的税费比率}=\frac{2325}{1-7\%}=2500\ 元/平方米$$

二、市场状况调整

市场状况调整是指，将可比实例在其成交日期的价格调整为在价值时点的价格，并在调查及分析可比实例所在地同类不动产价格变动情况的基础上，采用可比实例所在地同类不动产的价格变动率或价格指数进行调整。市场状况调整的方法主要是百分比调整，其一般公式为

可比实例在价值时点的价格＝可比实例在成交日期的价格×市场状况调整系数

由于利率变化、通货膨胀或者通货紧缩、财政政策变动等因素的影响，不同时点的不动产市场状况也会不同，因此要按照市场行情对可比实例在交易日期的价格进行调整，使其成为与待评估对象有可比性的同一时点价格。市场状况调整系数一般应以成交日期的价格为基准来确定，计算成交日到价值时点的市场价格变化百分比，市场状况调整系数为（1+上涨百分比）或（1-下降百分比）。

【例 4.5】现选取一可比房地产实例，成交价格为 6000 元/平方米，成交日期为 2018 年 7 月。假设 2018 年 1 月至 2019 年 7 月，该类房地产价格平均每月上涨 1%，2019 年 7 月至 2020 年 1 月，该类房地产价格平均每月下降 0.2%，则对该可比实例进行交易日期修正后 2020 年 1 月的房地产价格为

【解】 $\quad\quad\quad P = 6000 \times (1+1\%)^{12} \times (1-0.2\%)^{6}$

$\quad\quad\quad\quad\quad\quad = 6000 \times 1.127 \times 0.988$

$\quad\quad\quad\quad\quad\quad = 6681 \ (元/平方米)$

此外，市场状况调整也可采用价格指数法，价格指数有定基价格指数和环比价格指数。采用定基价格指数和环比价格指数进行市场状况调整的公式分别为

（1）市场状况调整系数 $= \dfrac{价值时点的定基价格指数}{成交日期的定基价格指数}$

（2）市场状况调整系数＝成交日期下一时期的环比价格指数×再下一时期的环比价格指数×...×价值时点的环比价格指数

【例 4.6】某城市的地价指数如表 4-1 所示，可比实例是 1995 年发生的交易，当时的交易价格为每平方米 2000 元，求经过交易日期修正后，评估基准日为 1998 年的交易价格。

表 4-1　城市地价指数表

年份	1990	1991	1992	1993	1994	1995	1996	1997	1998
地价指数	100	105	120	119	106	90	91	93	93

【解】修正为评估基准日的可比实例价格 $=2000\times\dfrac{93}{90}=2066.67$（元/平方米）

三、不动产状况调整

1. 不动产状况调整内容

不动产状况调整包括区位状况调整、实物状况调整和权益状况调整。进行区位、实物和权益状况调整时，应将可比实例与估价对象的区位、实物和权益状况因素逐项进行比较，找出它们之间的差异，量化状况差异造成的价格差异，对可比实例的价格进行相应调整。

第一，进行区位状况调整时，应将可比实例在自身区位状况下的价格调整为在估价对象区位状况下的价格，且调整的内容应包括位置、交通、外部配套设施、周围环境等，单套住宅的调整内容还应包括所处楼幢、楼层和朝向。

第二，进行实物状况调整时，应将可比实例在自身实物状况下的价格调整为在估价对象实物状况下的价格。土地实物状况调整的内容应包括土地的面积、形状、地形、地势、地质、土壤、开发程度等；建筑物实物状况调整的内容应包括建筑规模、建筑结构、设施设备、装饰装修、空间布局、建筑功能、外观、新旧程度等。

第三，进行权益状况调整时，应将可比实例在自身权益状况下的价格调整为在估价对象权益状况下的价格，且调整的内容应包括规划条件、土地使用期限、共有情况、用益物权设立情况、担保物权设立情况、租赁或占用情况、拖欠税费情况、查封等形式的限制权利情况、权属清晰情况等。

2. 不动产状况调整的主要方法

（1）直接比较调整法。直接比较调整法是以估价对象状况为基准，将可比实例状况与估价对象状况进行比较，根据两者的差异对可比实例的成交价格进行调整。

可比实例在估价对象状况下的价格=可比实例在自身状况下的价格$\times\dfrac{100}{(\quad)}$

（2）间接比较调整法。间接比较调整法是设定某种标准不动产，以该标准不动产状况为基准，先将可比实例在自身状况下的价格调整为在标准房地产状况下的价格（修正系数为 $\dfrac{100}{(\quad)}$），然后将可比实例在标准房地产状况下的价格调整为在估价对象状况下的价格（修正系数为 $\dfrac{(\quad)}{100}$）。

$$可比实例在估价对象状况下的价格 = 可比实例在自身状况下的价格 \times \frac{100}{(\quad)} \times \frac{(\quad)}{100}$$

【例4.7】现有一可比实例，成交价格为5000元/平方米，该可比实例所处区域的环境优于待估对象，经分析，可比实例在商服繁华程度、交通条件、基础设施规划条件、文体设施等方面综合起来需修正2%，则经不动产状况修正的可比实例价格为：

【解】 $$5000 \times \frac{100}{102} = 4902 \text{（元/平方米）}$$

此外，不动产状况调整还包括以下一些具体的修正。

首先是个别因素修正。将交易实例房地产与待评估房地产的个别因素加以比较，找出由个别因素的差别引起的交易实例房地产与待评估房地产的差异，对交易实例房地产价格进行修正。直接比较调整法下的个别因素修正系数为

$$D = \frac{100}{(\quad)} = \frac{待估对象个别因素条件指数}{可比实例个别因素条件指数}$$

间接比较调整法下的个别因素修正系数为

$$D = \frac{待估对象个别因素条件指数}{可比实例个别因素条件指数} \times \frac{标准房地产状况指数}{可比实例状况指数} = \frac{100}{(\quad)} \times \frac{(\quad)}{100}$$

【例4.8】现有一可比实例，成交价格为5000元/平方米，该可比实例的个别因素综合起来劣于待估对象，经分析，可比实例在临街深度、宗地形状、宗地面积等方面综合起来需要修正-3%，则经个别因素修正后的可比实例价格为

【解】 $$5000 \times \frac{100}{97} = 5155 \text{（元/平方米）}$$

其次是容积率修正。容积率指的是建筑物的总建筑面积与整个宗地占地面积之比。容积率不同，地价也不同。通常而言，容积率与地价呈正比。通过修正容积率，可以消除容积率差异带来的地价差异。

$$容积率修正系数 = \frac{待估宗地容积率修正系数}{可比实例价格容积率修正系数}$$

【例4.9】例如，某城市容积率修正系数表如表4-2所示。

表4-2　容积率修正系数表

容积率	0.1	0.4	0.7	1.0	1.1	1.5	1.8	2.0	2.1
修正系数	0.5	0.6	0.8	1.0	1.1	1.3	1.7	1.8	1.9

【解】如果可比实例的宗地地价为每平方米800元，容积率为2.1，待估宗地规划容积率为1.8，则待估宗地容积率修正计算如下：

$$经容积率修正后的可比实例价格 = 800 \times \frac{1.7}{1.9} = 715.8 \text{（元/平方米）}$$

最后是土地使用年限修正。土地使用年限直接影响收益的大小。土地的使用年限越长，收益越多。通过对使用年限的修正，可以减少或消除使用年限的不同带来的价格差异。土地使用年限修正系数为

$$k = \frac{1 - \dfrac{1}{(1+r)^{m}}}{1 - \dfrac{1}{(1+r)^{n}}}$$

其中：k表示将可比实例使用年限修正到待估对象使用年限的年限修正系数；r表示还原利率；m表示待估对象的使用年限；n表示可比实例的使用年限。

【例4.10】若选择的比较案例成交地价为每平方米1000元，对应使用年限为30年，而待估宗地出让年限为20年，土地还原利率为8%，则使用年限修正如下：

【解】$$土地使用年限修正后的地价 = 1000 \times \frac{1 - \dfrac{1}{(1+8)^{20}}}{1 - \dfrac{1}{(1+8)^{30}}} = 872 \text{（元/平方米）}$$

第四节 市场法价值计算公式

一、计算单个可比实例比较价值的基本公式

可比实例的成交价格经过交易情况修正、市场状况调整和不动产状况调整后就变成了估价对象的可比价格（或价值）。也就是说，就金额修正（调整）方法而言，可比实例的成交价格加减三种修正（或调整）金额的和就是比较价值。

采用百分比修正（调整）的比较价值的基本公式为

$$P = P' \times A \times B \times C$$

其中，P 为可比价值，P′ 为可比交易实例价格，A 为交易情况修正系数，B 为市场状况调整系数，C 为不动产状况调整系数。

二、计算最终的比较价值

将所有可比实例的比较价值综合起来，就能得到估价对象的市场法的估价。综合方法有很多，如平均数、中位数、灰色关联度、熵权法等。

【例 4.11】要评估某不动产在 2018 年 10 月 1 日的市场价值，其三个可比实例情况如下：可比实例 1 的成交日期为 2018 年 1 月 1 日，成交价格为 8900 元/平方米，实际成交价格比正常价格高出 1%；可比实例 2 的成交日期为 2018 年 3 月 1 日，成交价格为 9500 元/平方米，和正常价格相同；可比实例 3 的成交日期为 2018 年 9 月 1 日，成交价格为 10000 元/平方米，实际成交价格低于正常价格 2%。该类不动产 2018 年 1 月至 2018 年 11 月的定基价格指数分别为 100，93，94，95，94，100，103，105，106，108，109。估价对象与可比实例的不动产状况的比较如表 4-3 所示。

请利用表 4-3 资料评估该对象不动产在 2018 年 10 月 1 日的市场价值。

表 4-3　估价对象与可比实例的不动产状况比较

不动产状况	权重	估价对象	可比实例 1	可比实例 2	可比实例 3
区位状况	0.5	100	100	104	110
实物状况	0.3	100	115	106	105
权益状况	0.2	100	103	118	90

【解】（1）可比价值的计算公式。

可比价值＝可比交易实例价格×交易情况修正系数×市场状况调整系数×不动产状况调整系数

（2）计算交易情况修正系数。

$$可比实例 1 的交易情况修正系数 = \frac{1}{1+1\%}$$

$$可比实例 2 的交易情况修正系数 = \frac{1}{1+0\%}$$

$$可比实例 3 的交易情况修正系数 = \frac{1}{1-2\%}$$

（3）计算市场状况调整系数。

$$可比实例 1 的市场状况调整系数 = \frac{108}{100}$$

$$可比实例 2 的市场状况调整系数 = \frac{108}{94}$$

$$可比实例 3 的市场状况调整系数 = \frac{108}{106}$$

（4）计算不动产状况调整系数。

$$可比实例 1 的不动产状况调整系数 = \frac{100}{100×0.5+115×0.3+103×0.2} = \frac{100}{105.1}$$

$$可比实例 2 的不动产状况调整系数 = \frac{100}{104×0.5+106×0.3+118×0.2} = \frac{100}{107.4}$$

$$可比实例 3 的不动产状况调整系数 = \frac{100}{110×0.5+105×0.3+90×0.2} = \frac{100}{104.5}$$

（5）计算可比价值。

$$可比实例 1 的可比价值 = 8900×\frac{1}{1+1\%}×\frac{108}{100}×\frac{100}{105.1} = 9055.02 \text{ 元/平方米}$$

$$可比实例 2 的可比价值 = 9500×\frac{1}{1+0\%}×\frac{108}{94}×\frac{100}{107.4} = 10062.84 \text{ 元/平方米}$$

可比实例 3 的可比价值 $=10000\times\dfrac{1}{1-2\%}\times\dfrac{108}{106}\times\dfrac{100}{104.5}=9948.91$ 元/平方米

（6）计算估价对象在 2018 年 10 月 1 日的市场价值，采用简单算术平均数法。

估价对象的市场价值 $=$（9055.02＋10062.84＋9948.91）/3＝9688.92 元/平方米

第五节　市场法中常见的问题及对策

不动产估价方法有很多种，其中市场法是极为重要的方法，也是相当成熟和常用的一种估价方法。近年来随着我国房地产市场的发展和完善，房地产交易活动的日渐活跃，交易实例的增加，房地产评估中市场法的运用日渐熟练。长期以来，市场法因容易被理解且容易被接受而广受评估人员的喜爱，市场法在各国的房地产估价中被广泛采用。但市场法在现实的房地产估价中也存在一些问题。

一、市场法的缺点

尽管市场法的应用已经十分成熟，但在应用时仍然会遇到两个难题：一是收集选择什么样的交易实例作为可比交易实例；二是如何对待估房地产和可比交易实例的因素差异进行量化修正。修正和调整一般难以采用数学公式或数学模型来量化，而主要依靠评估人员的评估理论知识、丰富的评估经验和可比实例以及对估价对象所在房地产市场行情、交易习惯等的深入调查与了解。如果估价人员不具有扎实的估价理论知识，没有丰富的实践经验，对待估房地产的市场行情和交易习惯不够了解，则很难运用市场法得出正确的评估结果。

二、市场法的改进方法

对市场比较法的改进主要采取三种方法，分别是专家打分法、集值迭代法和假设权重的综合评估方法。其中专家打分法需要大量有丰富经验的专家进行感觉评分，用最终得分作为将待估对象与可比实例因素差异量化的标准。集值迭代法也需要经验丰富的专家，由专家选出他们心中认为最重要的几组指标因素，以各指标因素被选出的次数作为评价指标因素权重的确定标准。在假设权重方法中，以各可比实例得分作为其在评估待估对象过程中的权重参考依据，假设几组不同的权重系数，最终得出最为合理的一组权重系数，即得出估价对象的合理估价。

本章小结

　　市场比较法是指在评估不动产的价格时，根据替代原则，将待估不动产与类似不动产的近期交易价格进行对照比较，通过对交易情况、交易日期、区域因素和个别因素等的修正，得出待估不动产在评估基准日的合理价格，其本质是以可比不动产的市场交易为导向求取估价对象的市场价值。市场法适合在同一地区或同一供求范围内的类似地区中，具有较多与待估不动产相类似的不动产交易情况。

　　市场法评估的基本步骤包括：收集交易实例，选取可比实例，建立比较基础，进行交易情况修正，进行市场状况调整，进行不动产状况调整，计算比较价值。其中，可比实例的选择尤为重要，选择的标准也较为严格，以保证可比实例的相似性，具体有估价时间、交易类型、交易情况、不动产的基本情况等方面的要求。交易情况修正是将不正常的可比实例的成交价格修正为正常的市场价格，市场状况调整是将可比实例在其成交日期的价格调整为在价值时点的价格，不动产状况调整是将可比实例与估价对象在区位状况、实物状况和权益状况方面进行比较，量化状况差异造成的价格差异，对可比实例的价格进行相应调整。《房地产估价规范》（2015 年）规定：分别对可比实例成交价格的单项修正或调整幅度不宜超过 20%，共同对可比实例成交价格的修正和调整幅度不宜超过 30%，经修正和调整后的各个可比实例价格中，最高价与最低价的比值不宜大于 1.2。尽管市场法的应用已经十分成熟，但在应用时仍然会遇到一些难题需要估价师去克服。

章后习题

一、单项选择题

1. 比准价格是一种（　　）。

A. 公平市价　　　　　　B. 评估价格　　　　　C. 市场价格　　　　　D. 理论价格

2. 在进行不动产状况修正时，应注意可比实例的不动产状况是（　　）的房地产状况。

    A. 估价时点   B. 搜索该可比实例时

    C. 进行不动产状况修正时   D. 成交价格所反映

3. 市场法的理论依据是（ ）。

    A. 预期原理   B. 替代原理

    C. 生产费用价值论   D. 最高最佳使用原则

4. 不适宜采用市场法评估的房地产是（ ）。

    A. 商品住宅   B. 写字楼

    C. 纪念馆   D. 标准工业厂房

5. 运用市场比较法评估，选取的可比实例数量最好为（ ）个。

    A. 1~3   B. 1~5   C. 3~5   D. 3~10

6. 下列（ ）种情况会导致房地产价格偏高。

    A. 卖方不了解行情   B. 政府协议出让

    C. 购买相邻房地产   D. 设立抵押的房地产

7. 可比实例是相邻房地产的合并交易，测算出来的比较价格往往比实际正常价格（ ）。

    A. 高   B. 低   C. 相等   D. 不可比

8. 应用市场法的同时必须注意该方法的限制条件，这样才能保证评估结果的科学性和准确性。下列（ ）项不属于市场的限制条件。

    A. 近期性   B. 大量性   C. 可替代性   D. 公平性

9. 调整可比实例状况与估价对象状况不同造成的价格差异，包括区位状况调整、实物状况调整和权益状况调整，属于（ ）。

    A. 交易情况修正   B. 市场状况调整

    C. 不动产状况调整   D. 不动产交易方式修正

10. 根据我国《房地产估价规范》，建立可比基础主要是对可比实例的成交价格进行标准化处理，不包括下列哪项（ ）。

    A. 统一财产范围   B. 统一付款方式

    C. 统一融资条件   D. 统一交易地点

二、名词解释

1. 个别因素修正

2. 市场法

3. 可替代性

4. 非单一性

5. 近期性

三、简答题

1. 简述市场法的含义及理论依据。

2. 市场法的适用范围及限制条件是什么？

3. 为什么要进行交易情况修正？

4. 选取可比实例应符合哪些要求？

5. 市场法的操作步骤是什么？

四、计算题

有一待估宗地 G 需评估，现收集到与待估宗地条件类似的 6 宗地，具体情况如表 4-4 所示。

表 4-4　与待估宗地相似的 6 宗地的具体情况

宗地	成交价	交易时间	交易情况	容积率	土地状况
A	680	2002	+1%	1.3	+1%
B	610	2002	0	1.1	−1%
C	700	2001	+5%	1.4	−2%
D	680	2003	0	1.0	−1%
E	750	2004	−1%	1.6	+2%
F	700	2005	0	1.3	+1%
G		2005	0	1.1	0

表 4-4 中成交价的单位为元/平方米。该城市地价指数如表 4-5 所示。

表 4-5　该城市地价指数

时间	1999 年	2000 年	2001 年	2002 年	2003 年	2004 年	2005 年
指数	100	103	107	110	108	107	112

另据调查，该市此类用地容积率与地价的关系如下：当容积率在 1 和 1.5 之间时，容积率每增加 0.1，宗地单位地价比容积率为 1 时的地价增加 5%；超过 1.5 时，超出部分的容积率每增长 0.1，单位地价比容积率为 1 时的地价增加 3%。对交易情况的调整和对区域因素、个别因素的修正，都是案例宗地与被估宗地比较，表 4-4 中负号表示案例宗地条件比待估宗地产差，正号表示案例宗地条件优于被估宗地，数值大小表示对宗地地价的修正幅度。试根据以上条件，评估该宗地 2005 年的价值。

第五章

收益法

主要知识点

收益法概念、收益法使用对象和条件、净收益的期限和数量的确定、直接资本化法、报酬资本化法、资本化率、报酬率

第一节　收益法概述

收益法（Income Capitalization Approach），又称为投资化法、投资法、收益还原法，在不动产评估中指将不动产在未来所能产生的净收益贴现到评估基准日，将贴现之和作为待估不动产的价格的方法。它适用于收益性不动产价格评估。

收益法的理论基础是效用价值论。该观点认为，不动产的价值是由其效用决定的，而不动产的效用则体现在不动产为其拥有者带来的收益上。在风险报酬率既定的情况下，一宗不动产的未来收益越高，该不动产的价值就越大。

不动产在交易时，随着不动产所有者的让渡，不动产的收益转归不动产购买者。不动产所有者让渡出去的权利势必在经济上得以实现。不动产购买者必须一次性支付一定的金额，以补偿不动产所有者失去的收益。这一货币额每年给不动产所有者带来的利息收入等于其每年能从不动产中获得的净收益。

采用收益法评估不动产时，估价师应当了解以下估价对象的信息：①不动产应当具有经济收益或者潜在经济收益；②不动产未来收益及风险能够较准确地预测与量化；③不动产未来收益应当是不动产本身带来的收益；④不动产未来收益包含有形收益和无形收益。

一、收益法的两种方法

从投资角度看，收益法的实质是分析投资人将资本投资到不动产后，获得收益与最初投资资本之间的关系。在计算收益价值时，收益法可分为直接资本化法

和报酬资本化法。《房地产估价规范》中规定，不动产估价使用收益法时，应区分报酬资本化法和直接资本化法，并应优先选用报酬资本化法。使用报酬资本化法估价时，应区分全剩余寿命模式和持有加转售模式。当收益期较长、难以预测该期限内各年净收益时，宜选用持有加转售模式。

1. 直接资本化法

直接资本化法是预测估价对象未来某一年的收益，将其除以合理的资本化率或者乘以合理的收益乘数，以此求得待估不动产在评估基准日的合理价格。

$$P = \frac{NOR}{R} \tag{5-1}$$

其中，P 为收益价值，NOR 为未来第一年的净收益，R 为资本化率（%）。

直接资本化法的优点是不需要预测未来许多年的净收益，通常只需要测算未来第一年的收益；资本化率或收益乘数直接来源于市场上所显示的收益与价值的关系，能较好地反映市场的实际情况。但由于直接资本化法是利用某一年的收益来资本化，所以要求有较多与估价对象的净收益流模式相同的类似不动产来求取资本化率或收益乘数，对可比实例的依赖很强。

在直接资本化方法中，关键是确定资本化率 R。所谓资本化率（Capitalization Rate）是指不动产在未来第一年的净收益与其价值或价格的百分比。有时候，将资本化率的倒数定义为收益乘数。

不动产的价值=第一年净收益×收益乘数

2. 报酬资本化法

报酬资本化法也称现金流折现法，是预期未来各期的合理净收益，再选用适当的报酬率将各期净收益折算到估价时点，加总各期折现值来求得估价对象的合理价值。报酬资本化法的优点是，不动产的价值是其未来各期净收益的现值之和，这既是预期原理最形象的表述，又考虑到了资金的时间价值，且每期的净收益或现金流量都是明确的，直观并容易理解。此外，由于具有同等风险的任何投资的报酬率应该是相近的，所以，不必直接依靠与估价对象的净收益流模式相同的类似不动产来求取适当的报酬率，而是可以通过其他具有同等风险的投资来求取适当的报酬率。但由于报酬资本化法需要预测未来各期的净收益，从而较多地依赖于估价师的主观判断，并且各种简化的净收益流模式不一定符合市场的实际情况。

（1）如果收益性不动产只有 n 期有收益，且没有转售价值，那么，应选用全剩余寿命模式进行估价。收益价值应按式（5-2）计算

$$P = \sum_{i=1}^{n} \frac{a_i}{(1+r_i)^i} \tag{5-2}$$

其中，P 为收益价值，a_i 为未来第 i 年的净收益，r_i 为未来第 i 年的报酬率（%），n 为收益期（年）。

（2）如果收益性不动产有 t 期有收益且有转售价值，应该选用持有加转售模式进行估价。收益价值应按式（5-3）计算

$$P = \sum_{i=1}^{t} \frac{a_i}{(1+r_i)^i} + \frac{P_t}{(1+r_t)^t} \qquad (5-3)$$

其中，P 为收益价值，a_i 为未来第 i 年的净收益，r_i 为未来第 i 年的报酬率（%），t 为未来第 t 期（年），P_t 为未来第 t 期（年）转售收益，r_t 为未来第 t 期（年）的报酬率（%）。

二、收益法的适用对象、条件与步骤

1. 适用对象

收益法适用的待估对象是有经济效益或有潜在经济收益的不动产，如住宅（特别是公寓）、写字楼、旅馆、商店、餐馆、用于出租的厂房、仓库等。它不限于估价对象本身现在是否还有收益，只要估价对象所属类型有获取收益的能力即可。

2. 适用条件

由于收益法基于预期收益原理，采用收益法估价的一个重要条件是用于收益法公式的各个参数可以量化得到，否则无法得出最终的估价价值。因此，所需的条件如下：

（1）评估对象使用时间较长且具有连续性。

（2）评估对象能在未来若干年内取得一定收益，且该收益可以用货币来度量。

（3）评估对象的未来收益和评估对象的所有者所承担的风险可以量化。风险的确定与资本化率以及收益乘数的合理选用直接相关。

（4）存在一定规模的类似房产或土地市场以供开展深入的市场调查和市场分析。因为未来的预期通常是基于过去的经验和对现实的认识做出的。

3. 收益法的估价步骤

运用收益法估价应该按照以下步骤进行：

（1）收集有关收入和费用的资料。

（2）估计未来收益期或持有期：收益期限应当根据建筑物剩余经济寿命年限与土地使用权剩余使用年限等参数，并依据法律、行政法规的规定确定。

（3）测算未来净收益：应根据净收益过去、现在和未来的变动情况，判断

确定未来净收益流量及其类型和对应的收益法公式，并应在估价报告中说明判断确定的结果及理由。确定净收益时应当考虑未来收益和风险的合理预期。

（4）选用适当的报酬率、资本化率或收益乘数。常见方法包括市场提取法、累加法等。

（5）选用适宜的计算公式求出收益价格。

第二节　报酬资本化法的具体公式

报酬资本化法是以一个适当的报酬率将未来各期收益贴现，使收益转换为现值，以计算资产估价的方法。在具体计算收益价值时，估价师可以根据估价对象的收益流特点，采用没有转售价值的式（5-2）或有转售价值的式（5-3）进行计算。在估价实践中，估价师经常碰到一些特殊的收益流情况，报酬资本化法的计算公式也简化为一些具体的形式。下面以没有转售价值的全剩余寿命的公式为例，分析不同情况下的具体计算公式。如果有转售价值，只要在相应的公式后边加上转售价值的贴现值即可。

我们知道，没有转售价值的全剩余寿命的基本公式为

$$P = \sum_{i=1}^{n} \frac{a_i}{(1+r_i)^i}$$

一、每年净收益不变情形

1. 收益永续，收益年期无限

如果每年的净收益为 A 和报酬率为 Y，则

$$P = \frac{a}{r} \tag{5-4}$$

式（5-4）的成立条件：净收益每年不变；资本化率固定且大于零；收益年期无限。该公式经常用于不动产价格的粗略评估。

【例5.1】某不动产的面积为 100 平方米，市场上同类不动产的租金为 2500 元/平方米，以银行的年利率 1.75% 作为报酬率，求永续期下该不动产的收益价格。

【解】不动产的年净收益为 $2500 \times 12 = 30000$ 元

$$P = \frac{a}{r} = \frac{30000}{0.0175} \approx 171.4 \text{ 万元}$$

所以，该不动产收益永续情形的收益价格约为 171 万元，单价为 1.7 万元。

2. 收益年期有限，资本化率大于零

$$P = \frac{a}{r}\left[1 - \frac{1}{(1+r)^n}\right] \tag{5-5}$$

式（5-5）的成立条件：净收益每年不变；资本化率固定且大于零；收益年期有限，为 n。

【例5.2】在正常情况下，某不动产每年可获得有效毛收入 30 万元，需要运营费用 10 万元，资本化率为 10%，该不动产所在的土地是通过有偿出让获得使用权的，在评估时点剩余的使用权年限为 40 年，计算该宗不动产的收益价格。

【解】每年的净收益为 $30-10 = 20$ 万元，r=10%，n=40，根据式（5-5）得

$$P = \frac{a}{r}\left(1 - \frac{1}{(1+r)^n}\right) = \frac{30-10}{10\%}\left(1 - \frac{1}{(1+10\%)^{40}}\right)$$

$$= 200 \times 0.9779 = 195.58 \text{ 万元}$$

3. 收益年期有限，资本化率等于零

$$P = nr \tag{5-6}$$

式（5-6）的成立条件：净收益每年不变；收益年期有限，为 n；资本化率为零。其实，这种情形较为少见。

二、净收益若干年后保持不变

1. 收益年期无限

$$P = \sum_{i=1}^{t}\frac{a_i}{(1+r_i)^i} + \frac{a}{r(1+r)^t} \tag{5-7}$$

式（5-7）的成立条件：净收益 a_i 在 t 年（含第 t 年）以前有变化；报酬率 r_i 在 t 年（不含 t 年）以后保持不变，为 r；收益年期无限；报酬率 r 大于零。

2. 收益年期有限

$$P = \sum_{i=1}^{t} \frac{a_i}{(1+r_i)^i} + \frac{a}{r(1+r)^t}\left(1 - \frac{1}{(1+r)^{n-t}}\right) \qquad (5-8)$$

式（5-8）的成立条件：净收益 a_i 在 t 年（含第 t 年）以前有变化；净收益在 t 年（不含 t 年）以后保持不变；收益年期无限；r 大于零。

【例5.3】 有一宗土地，出让年期为50年，资本化率为10%，预期未来前5年的净收益分别为15万元、16万元、18万元、15万元、20万元，第六年开始净收益大约稳定在25万元，试评估该宗土地目前的收益价格。

【解】 根据式（5-8）可得

$$P = \frac{15}{(1+10\%)} + \frac{16}{(1+10\%)^2} + \frac{18}{(1+10\%)^3} + \frac{15}{(1+10\%)^4} +$$

$$\frac{20}{(1+10\%)^5} + \frac{25}{10\%\ (1+10\%)^5} \times \left(1 - \frac{1}{(1+10\%)^{50-5}}\right) = 216.1 \text{ 万元}$$

三、净收益按等差级数变化

1. 净收益按等差级数递增，收益年期无限

$$P = \frac{a}{1+r} + \frac{a+b}{(1+r)^2} + \cdots + \frac{a+(n-1)b}{(1+r)^n} + \cdots = \frac{a}{r} + \frac{b}{r^2} \qquad (5-9)$$

式（5-9）的成立条件：净收益在未来第1年为 a，此后每年按 b 等差级数递增，每年的报酬率相等。

2. 净收益按等差级数递增，收益年期有限

$$P = \left(\frac{a}{r} + \frac{b}{r^2}\right)\left(1 - \frac{1}{(1+r)^n}\right) - \frac{b}{r}\frac{n}{(1+r)^n} \qquad (5-10)$$

式（5-10）的成立条件：净收益按等差级数递增；净收益逐年增加额为 b；收益年期有限；r 大于零。

3. 净收益按等差级数递减，收益年期有限

$$P = \left(\frac{a}{r} - \frac{b}{r^2}\right)\left(1 - \frac{1}{(1+r)^n}\right) + \frac{b}{r}\frac{n}{(1+r)^n} \qquad (5-11)$$

式（5-11）的成立条件：净收益按等差级数递减；净收益逐年减少额为 b；

收益年期有限，为 n，且 $n < \dfrac{a}{b} + 1$；r 大于零。

四、净收益按等比级数变化

1. 净收益按等比级数递增，收益年期无限

$$P = \frac{a}{r-s} \qquad\qquad (5-12)$$

式（5-12）的成立条件：净收益按等比级数递增；净收益逐年递增率为 s；收益年期无限；r>s>0。

【例5.4】有一宗不动产，未来第一年的净收益为 50 万元，资本化率为 5%，若①未来各年的净收益将在上一年的基础上增加 1 万元；②未来各年的净收益将在上一年的基础上增长 1%。试分别评估两种情况下的不动产收益价格。

【解】第 1 种情形可直接根据式（5-9）计算出来，第 2 种情形利用式（5-12）可得结果。

第 1 种情形：$P = \dfrac{50}{5\%} + \dfrac{1}{(5\%)^2} = 1400$（万元）

第 2 种情形：$P = \dfrac{50}{5\% - 1\%} = 1250$（万元）

2. 净收益按等比级数递增，收益年期有限

$$P = \frac{a}{r-s}\left(1 - \left(\frac{1+s}{1+r}\right)^n\right) \qquad\qquad (5-13)$$

式（5-13）的成立条件：净收益按等比级数递增；净收益逐年递增率为 s；收益年期有限；r>s>0。

3. 净收益按等比级数递减，收益年期无限

$$P = \frac{a}{r+s} \qquad\qquad (5-14)$$

式（5-14）的成立条件：净收益按等比级数递减；净收益逐年递减率为 s；收益年期无限；r 大于零；0<s≤1。

4. 净收益按等比级数递减，收益年期有限

$$P = \frac{a}{r+s}\left(1-\left(\frac{1-s}{1+r}\right)^n\right) \tag{5-15}$$

式（5-15）的成立条件：净收益按等比级数递减；净收益逐年递减率为 s；收益年期有限，为 n；r 大于零；$0 < s \leq 1$。

五、已知未来若干年后的不动产价格

$$P = \frac{a}{r}\left(1-\frac{1}{(1+r)^t}\right)+\frac{p_t}{(1+r)^t} \tag{5-16}$$

式（5-16）的成立条件：净收益在第 t 年（含第 t 年）前保持不变；预知第 t 年的价格为 p_t；r 大于零。

【例 5.5】某宗土地从 2013 年末至 2018 年末的未来 5 年中，每年的净收益为 10 万元。2018 年后，每年净收益逐年递增 0.1 万元。假设收益年期无限，资本化率为 10%。试评估该宗土地在 2013 年初的价格。

【解】
$$P_{2018} = \frac{a}{r}+\frac{b}{r^2} = \frac{10}{10\%}+\frac{0.1}{(10\%)^2} = 110 \ (\text{万元})$$

该宗土地 1993 年 1 月 1 日的价格为

$$P_{2013} = \frac{10}{10\%}\left(1-\frac{1}{(1+10\%)^5}\right)+\left(\frac{110}{(1+10\%)^5}\right)$$

$$= 37.91+68.30 = 106.21 \ (\text{万元})$$

第三节　净收益的确定

一、不动产的收益期限

收益期应根据土地使用权剩余期限和建筑物剩余经济寿命进行测算，并应符合以下规定：

其一，土地使用权剩余期限和建筑物剩余经济寿命相同。当土地使用权剩余期限和建筑物剩余经济寿命相同时，收益期应为建筑物剩余经济寿命。根据《中华人民共和国城镇国有土地使用权出让和转让暂行条例》的规定，土地使用权出让的最高年限按照下列用途确定：居住用地 70 年，工业用地 50 年，教育、科技、文化、卫生、体育用地 50 年，商业、旅游、娱乐用地 40 年，综合或者其他用地 50 年。

其二，土地使用权剩余期限和建筑物剩余经济寿命不相同。当土地使用权剩余期限和建筑物剩余经济寿命不相同时，收益期为两者中较短的时期，并应对超出收益期的土地使用权或建筑物进行相应的处理。对土地使用权剩余期限超过建筑物剩余经济寿命的不动产，收益价值应为按收益期计算的价值，加自收益期结束时起计算的剩余期限土地使用权在价值时点的价值。对建筑物剩余经济寿命超过土地使用权剩余期限的不动产，通常收益期为土地使用剩余期限。如果合同另有规定，再加上剩余期建筑物价值的折现值。

其三，评估承租人权益价值的，收益期应为剩余租赁期限。

二、净收益

净收益是指归属于土地或不动产的除去各种费用后的收益，一般以年为单位。在确定净收益时，必须注意土地或不动产的实际净收益和客观净收益的区别。

实际净收益是在现状下待估土地或不动产实际取得的净收益，实际净收益由于受到多种因素的影响，通常不能直接用于评估。由于评估的结果被用作正常市场交易的参考，必须对存在偏差的实际净收益进行修正，剔除其中特殊的、偶然的因素，取得在正常的市场条件下土地或不动产用于法律上允许的最佳利用方向上的净收益值，其中还应包含对未来收益和风险的合理预期。我们把修正后的这个收益称为客观净收益，只有客观净收益才能作为评估市场价值的依据。

客观净收益是不动产处于最佳利用状态下使用不动产所产生的正常收益。最佳利用状态是指该不动产处于最佳利用方向和最佳利用程度。客观收益必须是能持续产生的收益。用收益法求不动产价格，是利用不动产收益永续性这一特征。若收益不能持续产生，则这种收益就不能作为资本化的基础。另外客观收益还必须考虑收益的风险性和可持续性，且为可实现的收益。由于现实经济过程复杂，呈现在评估人员面前的收益状况也非常复杂，预测不动产的未来收益也比较难。如某种经营虽然能带来丰厚的收益，但在未来存在激烈竞争或潜在的风险，使现实收益具有下降趋势，则不能用现实收益估价，而必须加以修正。因此，在确定收益值时，一是需与类似不动产的收益相比较，二是需对市场走势作出准确的预测。

运用收益法评估不动产时，租约期内的租金应当采用租约所确定的租金，租约期外的租金应采用正常客观的租金，并在评估报告内恰当披露租约情况。具体来说，净收益有以下几种计算方法：

1. 基于租赁收入的净收益

基于租赁收入的净收益测算公式为

净收益＝潜在毛收入－空置等造成的收入损失－运营费用

＝有效毛收入－运营费用

其中，净运营收益是由有效毛收入扣除运营费用后得到归因于不动产的收益。潜在毛收入是不动产在充分利用、无空置状况下所能获得的归因于不动产的收入。写字楼等出租型不动产的潜在毛收入一般等于潜在毛租金收入加其他收入。

潜在毛租金收入＝全部可出租面积×最可能的租金水平

其他收入＝租赁人保证金或者押金的利息收入＋其他营业外收入

收租损失是出租的面积因拖欠租金而造成的损失，包括延迟支付租金、少付租金或者不付租金所造成的损失。有效毛收入是从潜在毛收入扣除空置和收租损失以后得到的归因于不动产的收入。运营费用是维持不动产正常生产、经营或使用必须支出的费用。运营费用是从估价角度出发的，与会计上的成本费用有所不同，如不包含不动产抵押贷款偿还额、不动产折旧费用、不动产改扩建费用和所得税。运营费用率是运营费用与有效毛收入之比，用 OER 表示。其作用是，有些类型的不动产，其运营费用率有一个相对固定的范围，估价人员可在当地市场上找出其运营费用率，在估算运营费用或净收益时使用。

净收益占有效毛收入的比率，称为净收益率，是运营费用率的补集，即

净收益率＝1－运营费用率

2. 基于营业收入的净收益

当业主自行经营时，该收益性不动产的净收益按营业收入来测算。按营业收入测算净收益与按租赁测算净收益的区别主要在于：①潜在的毛收入变成了经营收入；②要扣除归属于其他资本或者经营的收益，如商业、餐饮、工业、农业等经营者正常的利润（是劳动创造的，而不是不动产产生的）。应注意的是，按租赁收入测算净收益，由于归属于其他资本或者经营的收入在不动产租金之外，即实际上已扣除，所以不再扣除归属于其他资本或者经营的收益。

3. 自用或尚未使用不动产的净收益

自用或尚未使用不动产是指住宅、写字楼等目前为业主自用或者暂时空置的不动产，而不是指写字楼、宾馆的大堂、管理用房等必要的空置或者自用部分。写字楼、宾馆的大堂、管理用房等的价值是通过其他用房的收益体现出来的，因此，其净收益不用单独计算，否则就重复了。此部分收益可以比照同一市场上有收益的类

似不动产的有关资料按上述相应的方式计算净收益，或直接比较得出净收益。

4. 混合不动产净收益

如果评估对象包括多种类型的不动产，那么要计算混合不动产产生的净收益，首先，区分不动产的变动费用和固定费用，其中变动费用与不动产的经营活动相关，而固定费用是不管经营活动是否发生都会发生的费用。其次，测算各类不动产的经营收入减去其变动费用，得出净经营收入。将所有类型的不动产的净经营收入加总，再减去总固定费用，就得到混合不动产的净收益。

【例5.6】某商店的土地使用年限为40年，从2001年10月1日起计。该商店共有两层，每层可出租面积各为200平方米。一层于2002年10月出租，租赁期为5年，可出租的月租金为180元/平方米，且每年不变；二层现暂时空置。附近类似商场一、二层可出租面积的正常租金分别为200元/平方米和120元/平方米，运营费用为25%。该类不动产的报酬率为9%。测算该商场2005年10月1日带租约出售时的正常价格。

【解】首先，要测算2005年的正常价格，可以将初始时点设在2005年，因为从2002年10月1日开始出租，租期为5年。因此，2005年后剩余租期为2年，即2006年、2007年，从2008年后认为是空置。其次，因为要测算2005年的价格，所以剩余期限为36（40-4）年。最后，容易得出 A_1 和 A_2 均为32.40万元；A为36万元，t为2年，n为36年。

（1）商店一层价格测算。

租赁期限内年净收益=200平方米×180元/平方米×（1-25%）×12个月=32.40万元

租赁期限外年净收益=200平方米×200元/平方米×（1-25%）×12个月=36万元

选用公式及计算

$$V = \sum_{i=1}^{t} \frac{A_i}{(1+Y)^i} + \frac{A}{Y} \frac{1}{(1+Y)^t} \left[1 - \frac{1}{(1+Y)^{n-t}} \right]$$

$$= \frac{32.40}{(1+9\%)} + \frac{32.40}{(1+9\%)^2} + \frac{36.00}{9\%} \frac{1}{(1+9\%)^2} \left[1 - \frac{1}{(1+9\%)^{40-4-2}} \right]$$

$$= 375.69 \, 万元$$

（2）商店二层价格测算。

$$年净收益 = 200 \times 120 \times (1-25\%) \times 12$$
$$= 21.60 \, 万元$$

选用公式及计算

$$V = \frac{A}{Y}\left(1 - \frac{1}{(1+Y)^n}\right)$$

$$= \frac{21.60}{9\%}\left(1 - \frac{1}{(1+9\%)^{40-4}}\right)$$

$$= 229.60 \text{ 万元}$$

（3）计算该商店的正常价格。

$$375.69 + 229.60 = 604.90 \text{ 万元}$$

【例5.7】某公司3年前与该写字楼所有权人签订了租赁合同，租赁面积为500平方米，约定租赁期为10年，月租金固定不变，为75元/平方米。现市场上类似写字楼的月租金为100元/平方米。假设折现率为10%，计算目前承租人权益的价值。

【解】承租人约定的租金与市场类似写字楼的租金差值，可视为承租人的净收益。承租人目前的权益价值，即为剩余租期的现值。从题意也可以得出

（1）n＝剩余租期＝10-3＝7年

（2）年净收益A＝（100-75）×500×12个月＝15万元

（3）Y＝折现率＝10%

（4）计算 $V = \frac{A}{Y}\left(1 - \frac{1}{(1+Y)^n}\right)$

$$= \frac{12.00}{10\%}\left(1 - \frac{1}{(1+10\%)^7}\right)$$

$$= 73.03 \text{ 万元}$$

第四节　资本化率和报酬率的确定

一、资本化率与报酬率关系

资本化率和报酬率是收益法中将不动产的预期收益转换为价值的比率，但两

者有很大区别。确定两者的数值是评估价格的关键决定因素。这是因为，评估价格对两者的比率很敏感，比率的微小变动，都会使评估价格发生显著改变。

资本化率是在直接资本化法中采用的，是单一年度的收益与其不动产价值的比率，是静态指标。一般以第一年度的净收益除以价值来计算，也可以用各年平均收益作为代表性年收益除以价值来计算。应用资本化率可以进一步计算出不动产价值。在报酬资本化法中，通过预测不动产持有期的未来各期利益，利用贴现现金流量公式（DCF），可以将利益转换为现值，模拟典型投资者的期望和假设。报酬率是通过折现的方式将不动产的预期收益转换为价值的比率，它是一个动态指标。

资本化率是不动产未来第一年的净收益与其价值的比率，并不明确地表示获利能力；报酬率是用来求取未来各期净收益现值的贴现比率。报酬率与净收益本身的变化以及收益期的长短等无直接关系，而资本化率与净收益本身的变化以及收益期的长短等有直接关系。

资本化率分为综合资本化率、期末资本化率、自有资金资本化率、抵押贷款资本化率、建筑物资本化率、土地资本化率。这些比率之间存在着内在的联系，其中，最基本的比率是综合资本化率，简称为资本化率，它和净收益流的模式无关。报酬率是资本的回报率，这个比率反映了投资某一不动产是否可以得到投资者要求的利润或报酬水平。它可以分为综合报酬率和自有资金报酬率。报酬率不仅考虑不动产所有的期望利益，也包括不动产在投资结束时的出售价值。折现率实际上是报酬资本化法中的一种报酬率。综合报酬率和自有资金报酬率都是不动产估价中特定的内部报酬率。

二、资本化率的种类与测算方法

1. 资本化的种类

（1）综合资本化率。这是把土地和附着于其上的建筑物看成一个整体进行评估所采取的资本化率，此时评估的是不动产整体的价格，采用的净收益也是房地合一的净收益。

（2）建筑物资本化率。建筑物资本化率用于评估建筑物本身的价格。这时采用的净收益是建筑物自身所产生的净收益，把不动产整体收益中的土地收益排除在外。

（3）土地资本化率。土地资本化率用于求取土地自身的价格。这时采用的净收益是土地自身的净收益，把不动产整体收益中的建筑物净收益排除在外。

综合资本化率、建筑物资本化率和土地资本化率的关系，可以得到

$$r = \frac{r_1 L + r_2 B}{L + B}$$

或

$$r = r_1 x + r_2 y$$

$$r_1 = \frac{r(L+B) - r_2 B}{L}, \quad r_2 = \frac{r(L+B) - r_1 B}{B}$$

其中，r 为综合资本化率；r_1 为土地资本化率；r_2 为建筑物资本化率；x 为土地价格占不动产价格的比例；y 为建筑物价格占不动产价格的比例；L 为土地价格；b 为建筑物价格。

2. 资本化率的测算方法

（1）净收益与售价比率法。评估人员收集市场上近期交易的与待估不动产相同或近似的不动产的净收益、价格等资料，反算出它们各自的还原利率。这种方法运用的是不动产商品的替代性，选取的交易案例均来自市场，最直接地反映了市场供求状况。因此，反算出来的还原利率能够反映投资该不动产的利润率。

（2）安全利率加风险调整值法。首先选择市场上无风险的资本投资的收益率作为安全利率，通常选择银行一年存款利率作为安全利率，其次根据影响待估不动产的社会经济环境来估计投资风险程度，确定一个风险调整值，并把它与安全利率相加。这种方法简便易行，对市场要求不高，应用广泛，但是风险调整值的主观性较强，不容易掌握。

（3）各种投资风险、收益率排序插入法。评估人员收集市场上各种投资的收益率资料，再把各项投资按收益率的大小排队，评估人员估计待估不动产的投资风险在哪个范围内，并把它插入其中，然后确定收益率的大小。

三、报酬率的确定

报酬资本化中用到的报酬率是典型投资者在不动产投资中所要求的报酬率。它的大小受不动产的类型、用途以及所处的地区和时期的影响。对同一类不动产，权益、收益类型和投资风险的不同也会导致报酬率的不同。报酬率和风险是正相关的，因此不动产估价所选用的报酬率应等同于和估价对象具有同等风险的资产报酬率。

报酬率的求取有三种方法：市场提取法、累加法和投资收益率排序插入法。

1. 市场提取法

市场提取法是利用与估价对象不动产具有类似收益特征的可比实例不动产的

价格、净收益等资料，选用相应的报酬资本化公式，反算出报酬率的方法。

（1）在 $V = A/Y$（A 固定不变，收益年期无限的情况下），$Y = A/V$。

表 5-1　六个可比实例及相关资料

可比实例	净收益（万元/年）	价格（万元）	报酬率 = A/V（%）
1	12	102	11.8
2	23	190	12.1
3	10	88	11.4
4	65	542	12.0
5	90	720	12.5
6	32	250	12.8
简单算术平均值			12.1

因此，可以选用 12.1% 作为报酬资本化法下估价对象的报酬率。

（2）在 $V = \dfrac{A}{Y}\left[1 - \dfrac{1}{(1+Y)^n}\right]$ 的情况下，

$$\frac{A}{Y}\left[1 - \frac{1}{(1+Y)^n}\right] - V = 0$$

通过解上述方程求 Y 值。

（3）在 $V = \dfrac{A}{Y-g}$ 的情况下，通过 $Y = \dfrac{A}{V} + g$ 求取 Y 值。

2. 累加法

累加法是将报酬率视为由无风险报酬率和风险报酬率两大部分组成。无风险报酬率又称为安全利率，是资金的机会成本；风险报酬率为承担额外风险所要求的补偿，即超过无风险报酬率以上部分的报酬率，应根据估价对象所在地区的经济现状及未来预测、估价对象的用途及新旧程度等确定。无风险利率加上风险调整值，即能得到报酬率。

在估价实践中，累加法主要是从投资者获取期望目标收益的角度考虑，无风险报酬率的确定比较容易，可选用国务院金融主管部门公布的同一时期一年定期存款年利率或一年期国债年利率，但风险报酬率的确定难度较大。因此运用此法时，估价人员需要有较高的专业素养和实务经验，风险调整值应为承担额外风险所要求的补偿，并应根据估价对象及其所在地区、行业、市场等存在的风险来确定。在不考虑时间和地域范围差异的情况下，风险调整值主要与不动产的类型相关。

为了减少主观因素的影响，累加法也可以用投资风险调整值法的公式来表示：

$$报酬率 = 无风险报酬率 + 风险调整值$$

$$风险调整值 = 风险系数 × （行业平均收益率 - 无风险报酬率）$$

$$报酬率 = 无风险报酬率 + 风险系数 × （行业平均收益率 - 无风险报酬率）$$

【例5.8】已知当前银行一年期存款利率为3.5%，经过调查分析，行业平均收益率为11%，风险系数确定为1.2。计算评估对象的投资报酬率。

【解】根据报酬率的累加法，可得

$$Y = 3.5\% + 1.2 × （11\% - 3.5） = 12.5\%$$

3. 投资报酬率排序插入法

投资报酬率排序插入法是找出不同类型的相关投资及其收益率、风险程度，按风险大小排序，将估价对象与这些投资的风险程度进行比较，判断、确定报酬率。具体步骤如下：

（1）调查、收集估价对象所在地区的不动产投资、相关投资及其报酬率和风险程度的资料。如各类存款利率、债券利率、公司债券利率、股票报酬率等。

（2）将收集到的各种报酬率从低到高排序。

（3）确定估价对象的风险等级或者程度。

（4）依据确定的风险程度，查找对应的报酬率。

第五节 收益法的潜在问题

用收益法评估不动产价值时，最关键的是公式中预期收益和还原率（报酬率、资本化率或收益乘数）的测算。在实际运用中，预期收益和获得收益的风险涉及因素较多，而且容易受到评估人员的经验和主观判断的影响，因此很难用定量的方法预测出一个可靠的数值，特别是收益的预测。

1. 对未来净收益的确定不准确

实务中，预测未来净收益的环节缺乏动态分析，有些甚至没有这个步骤而直接假定未来期限内收益不变，这都是不合理、不科学的。因此，估价师应在保证租金收益客观性的前提下，重视未来收益预测的准确性与合理性。

2. 对潜在收益的内涵界定不清

《房地产估价规范》中规定：有租约限制的，租约期内的租金应采用租约所确定的租金，租约期外的租金应采用正常客观租金。但实务报告对租赁合同中相关条款的披露和分析很少，尤其缺乏对潜在收益的获取有影响的条款。除此之外，当市场租金和租约约定的租金相差较大的时候，并未有解释性的文字去阐述原因。

很多以租金收入为主要收益来源的不动产，扣除租金收入外，其潜在收益还有押金和利息收入、停车费收入等。如果忽略这些潜在的收益，就会低估不动产价格。

某些不动产净收益除了包括本身的收益外，还包括不动产以外的其他投资带来的收益。如家具这类的固定资产以及品牌、特许经营权这一类无形资产带来的收益，这些收益都应从收益中抽离出来，不然会导致不动产价值被高估。

3. 折扣费处理存在争议

使用收益法进行不动产评估时，有学者认为折旧费应作为费用扣除；但在实际应用中，许多学者对此提出疑问，认为不应在净收益中扣除折旧费。因为折旧不同于总费用中的维修费、管理费、保险费、税费等项目，它在整个资产使用期限内并未发生实际支出，这种损耗是为了取得收益而发生的贬值，是资产价值的时间表现形式。

4. 无形收益的处理问题

无形收益由于难以货币化而无法衡量，且有些无形资产带来的收益已经通过有形资产得到体现。如果无形收益处理不当，会影响收益价值的准确性。

 本章小结

在不动产评估中，收益法是指将不动产在未来所能产生的净收益贴现到评估基准日，将贴现之和作为待估不动产的价格的方法，它适用于收益性不动产的价格评估。在使用收益法进行不动产评估时，应区分报酬资本化法和直接资本化法，并应优先选用报酬资本化法。

报酬资本化法也称现金流折现法，是预期未来各期的合理净收益，再选用适当的报酬率将各期净收益折现到估价时点，加总各期折现值来求得估价对象的合

理价值。报酬资本化法的优点是不动产的价值是其未来各期净收益的现值之和，但是它需要预测未来各期的净收益，从而较多地依赖于估价师的主观判断。

直接资本化法是预测估价对象未来某一年的收益，将其除以合理的资本化率或者乘以合理的收益乘数，来求得待估不动产在评估基准日的合理价格。在直接资本化方法中，关键是确定资本化率，即不动产在未来第一年的净收益与其价值或价格的百分比。直接资本化法的优点是不需要预测未来许多年的净收益，但要求有较多与估价对象的净收益流模式相同的类似不动产来求取资本化率或收益乘数，对可比实例的依赖很强。

收益法的基本步骤：收集有关收入和费用的资料，估计未来收益期或持有期，测算未来净收益，选用适当的报酬率、资本化率或收益乘数，选取适宜的计算公式求出收益价格。

章后习题

一、单项选择题

1. 收益法适用的条件是不动产的（   ）。

    A. 收益能够量化   B. 风险能够量化

    C. 收益或风险可以量化   D. 收益和风险均能量化

2. 收益法的理论基础是（   ）。

    A. 替代原理   B. 预期原理

    C. 均衡原理   D. 边际收益递减原理

3. 有甲乙两宗房地产，甲房地产的收益年限为 50 年，单价为 3500 元/平方米，报酬率为 8%；乙房地产收益年限为 30 年，单价为 3000 元/平方米，报酬率为 6%。那么，甲的价格（   ）乙的价格。

    A. 高于   B. 低于

    C. 等于   D. 条件不足无法确定

4. 已知某宗收益性房地产 40 年收益权利的价格为 2500 元/平方米，报酬率为 10%，则该房地产 30 年收益权利的价格为（   ）元/平方米。

    A. 2400   B. 2405   C. 2410   D. 2415

5. 预计某宗房地产未来每年的有效毛收入不变，为 16 万元，运用费用第一年为 8 万元，此后每年会在上一年的基础上增加 2%，该类房地产的报酬率为 10%。则该宗房地产的合理经营年限为（   ）年。

    A. 32   B. 34   C. 36   D. 38

6. 某宗房地产的收益期限为 38 年，通过预测得到其未来 5 年的净收益分别为 20

万元、22 万元、25 万元、28 万元、30 万元，从未来第 6 年到第 38 年每年的净收益将稳定在 35 万元左右，该类房地产的报酬率为 10%，则该宗房地产的收益价格为（　　）万元。

 A. 267.35   B. 287.86   C. 298.84   D. 300.86

7. 某写字楼持有 5 年后出售，持有期内年均有效毛收入为 400 万元，运营费用率为 30%，预计 5 年后出售总价为 6000 万元，销售税费为售价的 6%，无风险报酬率为 6%，风险报酬率为无风险报酬率的 25%。该写字楼目前的价格为（　　）万元。

 A. 5061.44   B. 5546.94   C. 5562.96   D. 6772.85

8. 某商铺建筑面积为 500 平方米，建筑物的剩余经济寿命和剩余土地使用年限为 35 年；该商铺目前的月租金（按建筑面积）为 100 元/平方米，市场上类似该商铺按建筑面积计的月租金为 120 元/平方米；运营费用率为租金收入的 25%；该类房地产的报酬率为 10%。该商铺的价值为（　　）万元。

 A. 521   B. 533   C. 695   D. 711

9. 某房地产未来收益期限内每年的净收益为 20 万，收益期限结束时该房地产将增值 20%，报酬率为 6%，偿债基金系数为 7.59%。该房地产的价格为（　　）万元。

 A. 313   B. 329   C. 417   D. 446

10. 某宗房地产的收益期限为 35 年，判定其未来每年的净收益基本上固定不变，通过预测得知未来 4 年的净收益分别为 15.1 万元、16.3 万元、15.5 万元、17.21 万元，报酬率为 9%，该宗房地产的价格为（　　）万元。

 A. 159.56   B. 168.75   C. 169.39   D. 277.70

二、名词解释

1. 房地产价格指数
2. 打分法
3. 清算假设
4. 房地产
5. 收益法

三、简答题

1. 简述收益法的基本原理。
2. 收益法的适用条件是什么？
3. 资本化率有哪几种？各种资本化率的相互联系是什么？
4. 如何进行不同年限土地使用权价格的计算？

5. 净收益如何计算？

四、计算题

1. 某房地产公司于 2002 年 3 月以有偿出让方式取得一块土地 50 年的使用权，并于 2004 年 3 月在此地块上建成一座砖混结构的写字楼，当时造价为每平方米 2000 元，经济耐用年限为 55 年，残值率为 2%。2008 年该类建筑重置价格为每平方米 2500 元。该建筑物占地面积为 500 平方米。建筑面积为 900 平方米，现用于出租，每月平均实收租金为 3 万元。另据调查，当地同类写字楼出租租金一般为每月每建筑平方米 50 元，空置率为 10%，每年需支付的管理费为年租金的 3.5%，维修费为充值价的 1.5%，土地使用税及房产税为每建筑平方米 20 元，保险费为重置价的 0.2%，土地资本化率为 7%，建筑物资本化率为 8%。假设该土地使用权出让年限届满，土地使用权及地上建筑物将由国家无偿收回。试根据以上资料评估该宗房地产 2008 年 3 月的土地使用权价格。

2. 现有一宗地，占地面积为 100 平方米，1995 年 11 月通过出让方式取得土地使用权，使用年期为 50 年。1997 年 11 月建成一房屋，该房屋建筑面积为 250 平方米，现全部用于出租。试根据以下资料，评估该宗房地产 2000 年 11 月的价格。

(1) 该房屋出租，每年收取押金 5 万元，平均每月租金收入为 3 万元，平均每月总费用为 1.5 万元。

(2) 该房屋耐用年限为 50 年，目前重置价为每建筑平方米 4000 元，假设残值率为 0。

(3) 押金收益率为 9%。

(4) 土地资本化率为 6%，建筑物资本化率为 8%。

第六章

成本法

📖 **主要知识点**

成本法的含义、成本法的理论依据和适用对象、成本法估价的操作步骤、不动产价格构成、成本法的基本公式、重新购建价格、建筑物折旧的求取

第一节 成本法概述

成本法，又称重置成本法或承包商法，是不动产估价的基本方法之一，它是将估价对象在估价时点时的重新购建价格减去折旧来求取估价对象的客观合理价格或价值的方法。所谓重新购建价格，是指假设在估价时点重新取得全新的估价对象的必要支出，或者重新开发建设全新的估价对象的必要支出及应得利润。所谓折旧，是指各种原因造成的不动产价值减损，其金额为不动产在估价时点的市场价值与在估价时点的重新购建价格之差。

一、成本法的基本理论

成本法是以不动产价格的各个构成部分的累加为基础来求取不动产价值的方法，即分别求取不动产价格的各个组成部分，再将各个组成部分相加。因此，成本法也被称为积算法，其测算出的价值称为积算价格。

如果所要评估的是房地合一的价格，那么，其成本价格等于建筑物的重新生产开发成本扣除建筑物价值损耗部分与本建筑物附着土地市场估计值之和，其计算公式为

不动产价值＝土地价值＋（建筑物重置价格−建筑物损耗）

成本法的理论依据是生产费用价值论，即商品的价格是由生产其所必要的费用所决定的。从买方的角度看，不动产的价格是基于社会上的"生产费用"，是买方愿意支付的最高价格。例如，当不动产为土地与建筑物的综合体时，买方在

确定其购买价格时通常会这样考虑：自己另外购买一块类似土地的现时价格是多少，然后在该块土地上建造类似建筑物的现时费用又是多少，此两者之和便是买方愿意支付的最高价格。从卖方的角度看，不动产价格是基于其过去的"生产费用"，重在过去的投入，是卖方愿意接受的最低价格。可见，买方是不高于预计重新开发建造所需要花费的"成本"，卖方是不低于开发建造已花费的"成本"，正是因为买卖双方有上述共同的意愿，所以以建造开发该不动产所需的各项必要费用为基础，再加上正常的利润和税金来进行估价是可行的，成本法估价亦因此成立。

运用成本法估价，应按下列步骤进行：选择具体估价路径；测算重置成本或重建成本；测算折旧；计算成本价值。

运用成本法估价时，首先，对包含土地和建筑物的估价对象，应根据估价对象状况和土地市场状况，选择房地合估路径或房地分估路径，并应优先选择房地合估路径。其次，当选择房地合估路径时，应把土地当作原材料，模拟不动产开发过程，通过测算重置成本或对重建成本进行估价；而选择房地分估路径时，应把土地和建筑物作为独立的物，分别测算土地重置成本、建筑物重置成本或重建成本。

二、成本法的特点

1. 重置成本的两方面含义

一方面，在不动产估价中提出的成本为社会成本，其中不仅包含单纯的人工、材料、管理等显性费用，还包含开发商合理的利润及缴纳的税金等隐性成本。另一方面，在不动产估价中提出的成本为估价时点的重置成本，而非历史建造成本。

2. 成本法估计的不动产价值构成清晰

人们可以看到该价值是由哪些部分组成的，较容易发现其中哪些是不必要的，哪些是重复的，哪些被遗漏了，哪些被高估了，哪些被低估了。

3. 成本法与市场法的相似之处

成本法虽然在本质和理论依据上与市场法不同，但也有相似之处。在成本法中，折旧可以视为一种不动产状况调整，即将估价对象假定为"新的"状况下的重新购建价格，调整为"旧的"状况下的价格。因此，成本法与市场法的本质区别，不在于是否减去折旧，而是看"重新购建价格"或"可比实例价格"的来源。如果"重新购建价格"或"可比实例价格"直接来源于市场上类似不动产的成交价格，则属于市场法；如果是通过价格构成各部分的累加方式求取的重新开发建设成本，则属于成本法。例如，评估一台旧机器的市场价值：如果该旧机器的市场价值是通过市场上相同的新机器的市场价格减去折旧得出的，那么表面上看是成本法，但实质上是市场法，这里的折旧实质上是实物状况调整；如果是通过重新生产相同的新机器的成本（包括原料费、加工费、税金、利润等）减去折旧求取的，那么才真正是成本法。成本法中不动产价格各个构成部分以及建筑物折旧的测算，通常会采用市场法。

三、成本法的适用范围

成本法适用于那些无法利用市场比较法估价的狭小市场、欠发达市场或封闭市场上的不动产估价，也适用于那些既无收益又无交易的不动产的估价。具体适用范围分为以下几种：

1. 无交易、无收益的不动产的估价

有些不动产既不能交易，又无法产生收益，如政府办公用房、军队营房、图书馆、学校、医院、体育场、公园等公用、公益性不动产。其价格评估就无法使用市场比较法和收益还原法，可选择成本法对这类不动产进行估价。

2. 特殊目的不动产的估价

在不动产保险（包括投保和理赔）及其他不动产损害赔偿中，往往采用成本法估价。因为在保险事故发生后或其他损害中，不动产的损毁通常是建筑物的局部，为了将受损不动产恢复到原状，需要对损毁部分进行维修。显然以维修成本作为保险理赔的依据是合适的。对于建筑物全部损毁的，有时也需要采取重新建造的办法来解决。

还有以某种补偿为目的的估价，如动拆迁，如果采用的补偿办法是换地重建，则对建筑的补偿价格也是以成本法进行评估的。

3. 特殊建造的不动产的估价

化工厂、钢铁厂、发电厂、油田、码头、机场之类有独特设计或者只针对个别使用者的特殊需要而开发建设的不动产，以及单纯的建筑物或者其装饰装修部分，通常也是采用成本法进行估价的。

4. 狭小市场的不动产的估价

对于市场狭小或不完善，很难找到可比实例的不动产，无法使用市场比较法进行估价。

5. 市场比较法中的修正计算

当估价对象不动产与可比实例不动产的实体特征差异显著时，可用成本法估算差异数值予以修正。例如，估价对象不动产与可比实例不动产由于电梯数量差异需要修正，进行这项修正的适宜方法就是估计成本差异。

成本法估价比较费时费力，测算估价对象的重新购建价格和建筑物折旧都有很大的难度，尤其是测算那些建筑物过于老旧的不动产的重新购建价格和折旧。如果一个建筑物已经很破旧，基本上没有了使用价值，这时采用成本法估价就没有太多意义了。这种情况下，一般是根据拆除后的残余价值来估价；对于整个不动产，一般是采用假设开发法根据开发完成后的价值减去开发建设的必要支出及应得利润来估价。因此，成本法主要适用于评估新的建筑物或者比较新的不动产的价值，不适用于评估建筑物过于老旧的不动产的价值。

第二节　不动产的成本价格构成

运用成本法估价，首先需了解从获取土地一直到房屋竣工验收乃至完成租售全过程中需要做的各项工作，以及在该全过程中的必要支出及其支付标准、时间和依据，其次在此基础上结合估价对象的实际情况，确定估价对象价格的具体构成并测算各构成项目的金额。以不动产开发商取得不动产开发用地进行房屋建设，然后销售建成商品房为例，不动产的重新购建价格可以分为七个大项：①土地取得成本；②开发成本；③管理费用；④销售费用；⑤投资利息；⑥销售税费；⑦开发利润。

一、土地取得成本

土地取得成本是指取得不动产开发用地的必要支出。目前取得土地使用权的途径可分为三种：通过市场购买取得；通过征收集体土地取得；通过城市房屋拆迁取得。

若从市场购买取得，则土地取得成本一般由购买土地的价款和买方缴纳的税费构成。其中购买土地的价款可以采用市场比较法或者基准地价修正法求取；买方应当缴纳的税费包括契税、印花税和交易手续费等，可以根据相关税法规定测算。

若通过征收集体土地所得，则土地取得成本包括征地补偿安置费用、土地使用权出让金和相关税费三部分：①征地补偿安置费用进一步细分为土地补偿费、安置补助费、地上附着物和青苗补偿费；②土地使用权出让金需依照当地相关规定测算；③相关税费则包括征地管理费、耕地占用税、耕地开垦费和新菜地开发建设基金等，需参照当地有关规定测算。

若通过拆迁城市房屋取得，则土地取得成本包括房屋拆迁补偿安置费用、土地使用权出让金及相关费用三部分。①房屋拆迁安置费用进一步细分为五个部分：被拆迁房屋成本补偿费；被拆迁房屋内自行装修补偿金；搬迁补助费；安置补助费；非住宅房屋造成的停产停业补偿费等。②土地使用权出让金依据当地基准地价标准及相关规定测算。③相关费用则包括房屋拆迁管理费、拆迁服务费、拆迁估价费及房屋拆除和渣土清运费等。

二、开发成本

开发成本是指在土地上进行基础设施建设、房屋建设所必要的直接费用、税金等，主要包括以下几项。

1. 勘察设计和前期工程费

包括市场调查、可行性研究、工程勘察、环境影响评价、规划及建筑设计、建设工程招投标、施工的七通一平（通上水、通下水、通电、通路、通信、通气、通热，土地平整）及临时用房等开发项目的前期工作所必要的费用。

2. 建筑安装工程费

包括建筑商品房及围墙、水池、绿化等附属工程所发生的土建工程费用、安装工程费用和装饰装修工程费用等，要注意不要与下面的基础设施建设费、公共配套设施建设费等重复。

3. 基础设施建设费

包括城市规划要求配套的道路、给排水、电力、燃气、热力、电信、有线电视等设施的建设费用。

4. 公共配套设施建设费

包括城市规划要求的配套教育（如幼儿园）、医疗卫生（如医院）、文化体育（如文化活动中心）、社区服务（如居委会）、市政公用（如公共厕所）等非营业性设施的建设费用。

5. 其他工程费

包括工程监理费、竣工验收费等。

6. 开发期间税费

包括有关税收和地方政府收取的费用，如绿化建设费、人防工程费等。

上述开发成本可划分为土地开发成本和建筑物建设成本，以上六项费用需在土地和建筑物之间进行合理分摊，具体分摊比例需根据土地的投入大小而定。开发成本减去土地开发成本的余额，即属于建筑物的建设成本。

三、管理费用

管理费用包括不动产开发经营人员的工资及福利费、办公费、差旅费等，是组织和管理不动产开发经营活动所必需的费用合计，一般按照土地取得成本与开发成本的一定比例（如5%）进行估算。

四、销售费用

销售费用是指预售未来开发完成的不动产或者销售已经完工的不动产所必需的费用，包括广告费、销售资料制作费、样板房建设费、售楼处建设费、销售人员费用或销售代理费等。销售费用通常按照售价乘以一定比例测算，如售价的4%。

五、投资利息

投资利息与财务费用不完全相同，是指不动产开发完成或实现销售之前发生的所有必要费用应计算的时间成本，不仅包括真实发生的借款利息和手续费，还包括自有资金的应计利息。因此土地取得成本、开发成本、管理费用都应考虑投资利息。各项费用的计息期的起点一般是该费用的发生时点，终点则是开发期的终点，不考虑预售和延迟销售的情况。有些费用是均匀分散在一个时期内发生的（如一段时间内持续发生），则计息期的起点假设为这个时间段的期中，计息期的终点仍然是开发期的终点。计息方式有单利和复利两种，一般采用复利计息方式。利息率一般按照资本市场同期平均资金成本率测算。

六、销售税费

销售税费是指预售未来开发完成的不动产或销售已完工不动产，应由卖方缴纳的税费，包括销售税金及附加（如营业税、城市维护建设税和教育费附加，简称"二税一费"）和其他销售税费（如印花税、交易手续费等）。销售税费中一般不包括卖方应缴纳的土地增值税和企业所得税。因为土地增值税是以纳税人转让不动产取得的增值额为计税依据的，按照累进税率计征，每笔不动产转让的增值税额都可能不同。企业所得税也面临着不同企业不同项目应缴纳税额不等的问题。

七、开发利润

开发利润是不动产开发商的利润，一般按照土地取得成本、开发成本及管理费用合计的一定比例进行估算。利润的计算基数一般不包括投资利息、销售税费。注意，此处的开发利润并不是建筑承包商的利润，后者已经被包含在建筑安装工程费用中。

第三节　成本法估价的公式

成本法最基本的公式为

$$成本价值 = 重新购建价格 - 折旧$$

上述公式可针对新开发不动产和旧不动产两类估价对象而具体化。重新购建价格包括假设在估价时点重新取得或重新开发全新状况的估价对象所必需的支出和应获得的利润。其中，重新取得可简单地理解为重新购买，重新开发建设可简单地理解为重新生产。新开发不动产采用成本法估价一般不扣除折旧，但应考虑其工程质量、规划设计、周围环境、不动产市场状况等方面对价格的影响而予以适当的增减价调整。如运用成本法评估某在建工程的价值，即使该在建工程实实在在花了较大的成本，但在不动产市场不景气时，应予以减价调整。

一、新开发不动产价格的计算公式

按照新开发不动产的类型，新开发不动产又可以具体分为新开发土地、新建建筑物和新开发房地三种情况。

1. 新开发土地

新开发土地包括填海造地、开山造地、征用农地后进行"三通一平"等开

发的土地，在旧城区中拆除旧建筑物等开发的土地。在这些情况下，成本法的基本公式为

新开发土地价格＝取得待开发土地的成本＋管理费用＋投资利息＋

销售费用＋土地开发成本＋销售税费＋开发利润

对新开发区土地的分宗估价，成本法是一种有效的方法，因为新开发区在初期，不动产市场一般还未形成，土地收益也还没有。

【例6.1】某开发区拟出让一宗土地，出让年限为50年。该宗土地征地、安置、拆迁及青苗补偿费用每亩为6万元，征地中发生的其他费用平均每亩为2万元，土地开发费平均每平方千米为2亿元，当地银行贷款年利率一般为10%，每亩征地完成后，土地开发周期平均为两年，且第一年开发投资额一般占全部开发费用的40%，总投资回报率一般为20%，当地土地增值收益率为20%，土地还原率为7%。试采用成本法估计该宗土地单位价格。

【解】

新开发的土地价格＝取得待开发土地的成本＋土地开发成本＋

投资利息＋开发利润＋土地增值收益

第一，计算土地取得费。

土地取得费＝（6+2）万元/亩＝120（元/平方米）

第二，计算土地开发费（1平方千米＝1000000平方米）。

土地开发费＝2亿元/平方千米＝200（元/平方米）

第三，计算投资利息。土地取得费期初一次性投入，其计息期为2年，土地开发费分段均匀投入，第1年投入的计息期为1.5年，第2年投入的计息期为0.5年。

投资利息＝土地取得费×$[(1+利率)^{计息期}-1]+$

土地开发费×$[(1+利率)^{\frac{计息期}{2}}-1]$

$=120×[(1+10\%)^2-1]+200×40\%×[(1+10\%)^{1.5}-1]+$

$200×60\%×[(1+10\%)^{0.5}-1]=43.36(元/平方米)$

第四，计算投资利润。

投资利润＝（120+200）×20%＝64（元/平方米）

第五，计算土地增值收益。

土地增值收益＝（120+200+43.36+64）×20%＝85.47（元/平方米）

第六，计算土地价格。

土地价格＝土地取得费用＋土地开发费用＋利息

+正常利润+土地增值收益

$$= 120+200+43.36+64+85.47 = 512.83(元/平方米)$$

第七,以上求得的是土地无限年期的价格,则 50 年期的土地使用权价格为

$$土地使用权价格 = 512.83 \times \left[1 - \frac{1}{(1+7\%)^{50}} \right] = 495.42(元/平方米)$$

2. 新建建筑物

新建建筑物价格=建筑物建造成本+管理费用+投资利息+销售费用+销售税费+开发利润

在该公式中,成本和费用不包含土地取得成本、土地开发成本以及应归属于土地的管理费用、投资利息、销售费用、销售税费和开发利润。

3. 新开发房地

新开发房地价格 = 土地取得成本+土地开发成本+建筑物建造成本+管理费用+投资利息+销售费用+销售税费+开发利润

【**例 6.2**】某新建房地产,土地面积 20000 平方米,建筑面积 50000 平方米。现在工地重新取得价格为 3000 元/平方米,建筑物建造的建安成本为 1800 元/平方米,管理费用为建安成本的 30%。该房地产开发周期为 2.5 年,其中半年准备期,2 年建设期,土地费用在准备期内均匀投入;建安成本及管理费用在建设期内第一年均匀投入 40%,其余在第二年均匀投入。年贷款利率为 6%,销售税费为房地产价格的 7%,开发利润为房地产价值的 20%。试评估该房地产的总价和单价。

【**解**】房地价格=土地成本 A+建安成本 B+管理费用 C+利息 D+销售税费 E+开发利润 F

$$土地成本\ A = 3000 \times 20000 = 6000\ 万元$$

$$建安成本\ B = 1800 \times 50000 = 9000\ 万元$$

$$管理费用\ C = B \times 30\% = 270\ 万元$$

$$利息\ D = A[(1+6\%)^{2.25}-1]+(B+C)\times40\%[(1+6\%)^{1.5}-1]+$$
$$(B+C)\times60\%[(1+6\%)^{0.5}-1] = 1343.63\ 万元$$

$$销售税费\ E = V \times 7\%$$

$$利润\ F = V \times 20\%$$

$$房地产价格\ V = A+B+C+D+E+F = 22758.4\ 万元$$

$$V_{单价}=\frac{V}{建筑面积}=4552\ 元/平方米$$

二、旧不动产价格的计算公式

在旧房地的情况下,成本法的基本公式为

旧房地价格=土地的重新取得价格或重新开发成本+

建筑物的重新购建价格-建筑物折旧

在上式中,必要时还应扣除由于旧建筑物的存在而导致的土地价值减损。

在旧建筑物的情况下,成本法的基本公式为

旧建筑物的价格=建筑物的重新购建价格-建筑物的折旧

第四节　重新购建价格

一、重新购建价格的内涵

重新购建价格又称重新购建成本,是指假设在价值时点重新取得全新状况的估价对象所必需的支出,或者重新开发建设全新状况的估价对象所必需的支出和应获得的利润。在这里,应特别注意以下三点:

第一,重新购建价格是某个价值时点的。如在重新开发建设的情况下,重新购建价格是在价值时点的国家财税制度和市场价格体系下,按照价值时点的不动产价格构成来测算的价格。但价值时点并非总是现在,也可能为过去或未来。

第二,重新购建价格是客观的。具体来说,重新取得或重新开发建设的支出,不是个别单位或个人的实际耗费,而是必需的耗费,应能体现社会或行业的平均水平,即是客观成本而不是实际成本。如果超过了社会或行业的平均水平,超出的部分不仅不能构成价格,而且是一种浪费;而低于社会或行业平均水平的部分,不但不会降低价格,还会形成个别单位或个人的超额利润。

第三,建筑物的重新购建价格是全新状况下的价格,未扣除折扣;土地的重新购建价格(重新取得价格或重新开发成本)是在价值时点状况下的价格。因此,建筑物的重新购建价格中未扣除建筑物的折旧,而土地的增减价因素一般已考虑在其重新购建价格中。如作为估价对象的土地是 5 年前取得的商业用途土地,土地使用权的法定最高年限为 40 年,求取其价值时点的重新购建价格并不是求取其 40 年土地使用权的价格,而是求取其 35 年土地使用权的价格。如果该土地目前的交通条件比 10 年前有了很大的改善,求取其重新购建价格时并不是求取其 10 年前交通状况下的价格,而是求取其目前交通状况下的价格。

二、重新购建价格的测算思路

测算房地的重新购建价格,应先计算土地的重新取得价格或重新开发成本,再计算建筑物的重新购建价格,然后相加。在实际估价中,也可以采用类似于评估新建房地价格的成本法来计算。

计算土地的重新购建价格,通常是假设土地上的建筑物不存在,再采用市场法、基准地价修正法等计算其重新取得价格,这在城市建成区内的土地难以求取其重新开发成本时特别适用。计算土地的重新购建价格,也可采用成本法计算其重新开发成本。

计算建筑物的重新购建价格可以分为两种情况:一是假设旧建筑物所在的土地已取得,且此土地为空地,但除了旧建筑物不存在之外,其他的状况均维持不变,在这种情况下,在此空地上重新建造与旧建筑物完全相同或具有同等效用的新建筑物所需的一切合理且必要的费用、税金和正常利润即为建筑物的重新购建价格;二是设想将建筑物发包给建筑承包商建造,由建筑承包商将直接可使用的建筑物移交给发包人,在这种情况下,发包人应支付给建筑承包商的费用再加上发包人应负担的正常费用、税金和利润,即为建筑物的重新购建价格。

三、建筑物的两种重新购建价格

根据建筑物重新建造方式的不同,建筑物的重新购建价格可分为重置价格(成本)和重建价格(成本)。

1. 建筑物重置价格

建筑物重置价格,是指采用估价时点时的建筑材料、建筑构配件、建筑设备和建筑技术及工艺等,在估价时点时的国家财税制度和市场价格体系下,重新建造与估价对象建筑物具有同等效用的全新建筑物的必要支出及应得利润。

2. 建筑物重建价格

建筑物重建价格是采用估价对象原有的建筑材料和建筑技术,按价值时点的价格水平,重新建造与估价对象相同的全新状态的建筑物的正常价格(所必需的支出和应获得的利润)。可将这种重新建造方式形象地理解为"复制"。因此,重建价格进一步来说,是在原址,按原规格和原建筑形式,使用与原有建筑材料、建筑购配件和建筑设备相同的新的建筑材料、建筑购配件和建筑设备,采用原有建筑技术和工艺等,在价值时点的国家财税制度和市场价格体系下,重新建造与原有建筑物相同的全新建筑物所必需的支出和应获得的利润。

上述两种重新建造方式往往会得出不同的重新购建价格。有特殊保护价值的建筑物,如人们看重的有特殊建筑风格的建筑物,适用重建价格。一般建筑物则适用重置价格。因年代久远已缺乏与旧建筑物相同的建筑材料、建筑购配件和建筑设备,或因建筑技术和建筑标准改变等,导致"复制"有困难的建筑物,一般只能适用重置价格。重置价格的出现是技术进步的必然结果,也是"替代原理"的体现。由于技术进步,原有的许多设计、工艺、原材料、结构等都已过时、落后或成本过高,而采用新材料、新技术等,不仅功能更加完善,而且成本也会降低,因此,重置价格通常要比重建价格低。

四、建筑安装工程费的计算方法

建筑物的重新购建价格可采用成本法、市场比较法计算,或通过政府确定公布的房屋重新购建价格扣除土地价格后的比较修正来计算,也可按工程造价估算的方法具体计算。

采用成本法、市场比较法计算建筑物重新购建价格时,建筑安装工程费的具体计算方法有以下几种。

1. 单位比较法

(1)单位面积法:根据近期建成的类似建筑物的单位面积成本(造价)来估算重新购建价格。即用近期建成的类似建筑物的单位面积乘以估计对象建筑物的总面积。这是一种最常用且简便迅速的方法,但比较粗略。

【例6.3】某幢房屋的建筑面积为300平方米,该类用途、建筑结构和档次的房屋的单位面积造价为1200元/平方米。试估算该房屋的重新购建价格。

【解】该房屋的重新购建价格估算为:

$$300 \times 1200 = 36(万元)$$

（2）单位体积法：与单位面积法相似，是根据近期建成的类似建筑物的单位体积成本来估算重新购建价格。即用近期建成的类似建筑物的单位体积成本乘以估价对象建筑物的总体积。这种方法适用于成本与体积关系较大的建筑物。

2. 分部分项法

分部分项法是基于建筑物的各个独立构件或工程的单位成本来估算重新购建价格，即先估算各个独立构件或工程的单位成本，再乘以相应数量，然后相加。值得注意的是，要结合各构件或工程的特点使用计量单位，有的要用面积，有的要用体积，有的要用容量（如千瓦、千伏安）。

3. 工料测量法

工料测量法是先估算建筑物所需各种材料、设备的数量和人工时数，然后逐一乘以价值时点时各同样材料、设备的单价和人工费标准，再将其加总。这种方法与编制建筑概算或预算的方法相似，即先估算工程量，再配上概（预）算定额的单价和取费标准来估算。

工料测量法的优点是翔实；缺点是费时费力且需委托专家参与办理，主要用于具有历史价值的建筑物的估价。

4. 指数调整法

指数调整法是运用建筑成本（造价）指数或变动率将估价对象建筑物的原始成本调整到价值时点上的现时成本的方法，主要用于检验其他方法的估算结果。

第五节 建筑物的折旧

建筑物折旧是指各种原因造成的价值折损，其金额为价值时点建筑物重新购建价格与市场价值之差。造成折旧的原因包括物质折旧、功能折旧和经济折旧。

"物质折旧"又称为有形损耗，是指建筑物在实体上的老化、磨损、损坏所造成的价值损失，如外墙涂料脱落、管道老化漏水等。

"功能折旧"又称为无形损耗，是指设计缺陷、消费观念的改变、技术进步或建筑标准的变化等造成待估建筑物在功能上缺乏、落后或过剩所造成的价值损失，如老旧公房的客厅暗厅、无独立卫生间、无电梯等。

"经济折旧"又称为外部性折旧，是指外部市场供需变化或者政策的改变、区位环境的变化，造成建筑物收益潜能减少、市场价值折损，如新建垃圾焚烧厂造成周边住宅价格下降、出租率降低等。

【例6.4】某旧住宅,估计其重置价格为200万元,地面、门窗等破旧引起的物质折旧为9万元,户型不好、没有独立厕所以及共用电视天线等导致的功能折旧为12万元,由于位于城市衰落地区引起的经济折旧为16万元。试求该旧住宅的折旧总额和现值。

【解】由题意可知:

该旧住宅的折旧总额=9+12+16=37(万元)

该旧住宅的现值=重置价格-折旧=200-37=163(万元)

建筑物折旧的估算方法有很多种,如年龄—寿命法、市场提取法、实际观察法、综合法等。

一、年龄—寿命法

年龄—寿命法又称耐用年限法,是根据建筑物的有效年龄和预期经济寿命或预期剩余经济寿命来测算建筑物折旧的方法。

建筑物的两种年龄:建筑物的实际年龄是指建筑物自竣工时起至价值时点止的年数。建筑物的有效年龄是指根据价值时点的建筑物状况判断的建筑物年龄。建筑物的有效年龄可能等于其实际年龄,也可能小于或大于其实际年龄。

建筑物的两种寿命:自然寿命是指建筑物自竣工时起至其主要结构构件自然老化或损坏而不能保证建筑物安全使用时止的时间;经济寿命是指建筑物对不动产价值有贡献的时期,具体是指从建筑物竣工之日开始,到建筑物对不动产价值不再有贡献之日终止,是指正常市场和运营状态下,不动产收入大于运营费用的持续时间。

建筑物经济寿命=建筑物已使用年限+剩余经济寿命

剩余经济年限被定义为建筑物剩余经济年限和土地剩余经济年限中较短的年限。①若建筑物剩余经济年限早于土地使用期限结束,应按照建筑物的剩余经济年限计算建筑物的总经济年限。②若建筑物剩余经济年限晚于土地使用期限结束,应按照土地剩余使用期限计算建筑物的总经济年限。若维护及时、养护手段适当,建筑物总的经济寿命能够得以延长,即缩短已使用年限。但提前拆迁等原因也可能造成建筑物的总经济年限缩短。

年龄—寿命法使用最多的是直线折旧法。直线折旧法假设建筑物的价值损耗是均匀的,即在耐用年限内每年的贬值额相等。各种建筑结构的耐用年限和残值率参考值如表6-1所示。

建筑物累计折旧=建筑物年折旧额(D)×已使用年限(t)

建筑物每年的折旧额(D)为

$$D = \frac{C-S}{N} = C\frac{1-R}{N} \qquad (6-1)$$

其中,D 为年折旧额(元或元/平方米);C 为建筑物重置成本或重建成本(元或元/平方米);S 为建筑物预计净残值(元或元/平方米);N 为建筑物经济寿命(年);R 为建筑物的残值率(%)。

表 6-1　各种建筑结构的耐用年限和残值率参考值

		简易结构	砖木结构	砖混结构	钢筋混凝土结构①	钢结构
耐用寿命(年)	非生产用房	10	40	50	60	80
	生产用房	10	30	40	50	70
	受腐蚀的生产用房	10	20	30	35	50
残值率(%)		0%	砖木一等6% 砖木二等4% 砖木三等3%	2%	0%	

【例6.5】某建筑物,总建筑面积为 200 平方米,于 8 年前建成,重置价格 1000 元/平方米,耐用年限 40 年,残值率为 2%,试用直线法计算该建筑物的年折旧额、折旧总额和现值。

【解】根据题意已知:

$$C = 1000 \times 200 = 200000 \text{ 元}, R = 2\%, N = 40, t = 8$$

$$D = C\frac{1-R}{N} = 200000 \times \frac{1-2\%}{40} = 4900 \left(\frac{\text{元}}{\text{平方米}}\right)$$

$$E_t = D \times t = 4900 \times 8 = 39200 (\text{元})$$

$$V = C - E_t = 200000 - 39200 = 160800 (\text{元})$$

二、实际观察法

实际观察法又称成新折扣法,是指估价人员通过实地观察建筑物的结构、装修、设备等完好情况,判断由物理、功能和经济因素引起的各类价值减损情况,确定

---

① 包括框架结构、剪力墙结构、筒体结构、框架—剪力墙结构等。

建筑物的折旧程度或成新率。采用该方法的建筑物折旧后的价值计算公式为

建筑物折旧后价值=建筑物重置成本×建筑物成新率(%)

该方法需要估价人员具有扎实的建筑物鉴定技术和丰富的估价实务经验。同时,我国原城乡建设环境保护部也曾发布了《房屋登记评定标准》(1984年),将建筑物结构、装修、设备三个组成部分的完好、损坏程度划分为五类:完好房、基本完好房、一般损坏房、严重损坏房和危险房。

(1)完好房,即结构构件完好,基础未出现不均匀沉降;装修和设备齐全、完好,使用正常,或虽个别构部件有轻微损坏,但经过小修后就能修复的。

(2)基本完好房,即结构基本完好,少量构部件有轻微损坏,基础出现不均匀沉降但已稳定;装修基本完好,油漆缺乏保养;设备、管道现状基本良好,能正常使用。

(3)一般损坏房,即结构一般性损坏,部分构部件有损坏或变形,屋面局部漏雨;装修局部破损、油漆老化;设备、管道不够畅通,水卫、电照管线、器具和零件部分老化、损坏或残缺。这类房屋需要进行中修或局部大修,更换部件。

(4)严重损坏房,即房屋年久失修,结构有明显变形或损坏,屋面严重漏雨;装修严重破损、油漆老化见底;设备陈旧不全,管道严重堵塞,水卫、电照管线、器具和零部件残缺及严重损坏。这种房屋需进行大修或翻修、改建。

(5)危险房,即承重构件已属危险构件,结构丧失稳定及承载能力,随时有倒塌的可能。这类房屋不能确保住用安全。

房屋的完损等级对应着成新率,完好房的成新率为十成、九成、八成;基本完好房的成新率为七成、六成;一般损坏房的成新率为五成、四成;严重损坏房及危险房的成新率为三成以下。

【例6.6】有一不动产,其中土地总面积为1000平方米,是10年前通过有偿出让方式取得的,当时每亩花费18万元,现在取得该类土地需要620元/平方米;地上建筑物的总面积为2000平方米,是8年前提前交付使用的,当时建筑造价为每平方米600元,现时建造同类建筑物每建筑平方米需1200元。估计该建筑物有八成新,试用所给资料估计该不动产的现时总价和单价。

【解】　　　　土地现值=620×1000=620000(万元)

建筑物现值=重置价格×成新率=1200×2000×80%=1920000(万元)

该不动产现时总价=土地现值+建筑物现值=620000+1920000=2540000(万元)

该不动产现时单价=现时总价÷建筑面积=2540000÷2000=1270(元/平方米)

【例6.7】某市经济技术开发区内有一块土地,其面积为15000平方米,该地块的土地征地费用(含安置、拆迁、青苗补偿费和耕地占用税)为每亩10万元,土地开发费为每平方千米2亿元,土地开发周期为两年,第一年投入资金占总开发费用的35%,第二年投入剩余开发费用的65%,资金在各年均匀投入。开发商要求的投资利润率为10%,银行贷款年利息率为6%。试评估该土地的重新购建价值。

【解】

(1)计算土地取得费。

$$土地取得费 = 10\left(\frac{万元}{亩}\right) = \frac{100000}{666.7} = 150(元/平方米)$$

(2)计算土地开发费。

$$土地开发费 = 2\left(\frac{亿元}{平方千米}\right) = 2 \times \frac{10^8}{(1 \times 10^6)} = 200(元/平方米)$$

(3)计算投资利息。

土地取得费的计息为2年土地开发费分段均匀投入,则

$$土地取得费利息 = 150 \times [(1+6\%)^2 - 1] = 18.54(元/平方米)$$

$$土地取得费利息 = 200 \times 35\% \times [(1+6\%)^{1.5} - 1] + 200 \times 65\% \times [(1+6\%)^{0.5} - 1]$$
$$= 6.39 + 3.84 = 10.23(元/平方米)$$

(4)计算开发利润。

$$开发利润 = (土地取得费 + 土地开发费) \times 利润率$$
$$= (150 + 200) \times 10\%$$
$$= 35(元/平方米)$$

(5)计算土地利润。

$$土地单价 = 土地取得费 + 土地开发费 + 投资利息 + 开发利润$$
$$= 150 + 200 + 18.54 + 10.23 + 35$$
$$= 413.77(元/平方米)$$
$$土地总价 = 413.77 \times 15000 = 6206550(元)$$

【例6.8】某公司于5年前以出让方式取得一宗面积为3000平方米的40年使用权的土地,并于3年前建成物业投入使用,总建筑面积为8000平方米。现时重新取得40年土地使用权的出让价格为2500元/平方米,重新建造建筑物的建安成本为1000万元(建筑期为2年,第一年投入40%,第二年投入60%,可视为年中集中投入),管理费用为建安成本的3%,年利率为6%,销售税费为150万元,开发利

润为 200 万元。门窗、墙面等损坏的修复费用为 10 万元；装修的重置价格为 200 万元，平均寿命为 5 年；设备的重置成本为 150 万元，平均寿命为 10 年。假设残值率均为零，试计算该宗不动产现时的价格（土地资本化率为 8%）。

【解】（1）运用成本法的计算公式。

不动产价格＝土地重新取得价格＋建筑物的重新购建价格－建筑物折旧

（2）求土地的重新取得价格。该土地使用权为 40 年，已过去了 5 年，故要求土地使用权为 35 年的价格为：

$$V_{35} = 3000 \times 2500 \times \frac{(1+8\%)^{40-35} \times [(1+8\%)^{35}-1]}{(1+8\%)^{40}-1} = 733（万元）$$

（3）计算建筑物的重新购建价格。

$$建安成本 = 1000（万元）$$
$$管理费用 = 1000 \times 3\% = 30（万元）$$
$$投资利息 = (1000+30) \times 40\% \times [(1+6\%)^{4.5}-1] + (1000+30) \times$$
$$60\% \times [(1+6\%)^{3.5}-1] = 263（万元）$$
$$销售税费 = 150（万元）$$
$$开发利润 = 200（万元）$$
$$建筑物的重新购建价格 = 1000+30+263+150+200 = 1643（万元）$$

（4）计算建筑物的折旧额。

$$门窗、墙面等损坏的折旧额 = 10（万元）$$
$$装修部分的折旧额 = 200 \times 1/5 \times 3 = 120（万元）$$
$$设备部分的折旧额 = 150 \times 1/10 \times 3 = 45（万元）$$
$$长寿命项目的折旧额 = (1643-10-200-150) \times 1/38 \times 3 = 101（万元）$$
$$建筑物的折旧总额 = 10+120+45+101 = 276（万元）$$

（5）计算该宗不动产的现时价格

$$现时价格 = 733+1643-276 = 2100（万元）$$

三、市场提取法

耐用年限法与实际观察法各有优缺点：前者客观，但不乏机械；后者存在较大的主观性，对估价人员的专业素质要求较高。因此在估价实务中，也常用市场中的折旧实例进行比较，综合测算建筑物的折旧情况和程度。

采用市场提取法测算建筑物折旧时,主要步骤如下:

(1)从估价对象所在地的不动产市场中收集大量的不动产交易实例;

(2)从交易实例中选取不少于两个含有与估价对象中的建筑物具有类似折旧状况的建筑物作为可比实例;

(3)将这些可比实例进行适当修正后的成交价格减去土地重置成本得到建筑物折旧后的价值;

(4)采用成本法计算出每个可比实例的建筑物折旧;

(5)将每个可比实例的建筑物折旧除以其建筑物重新购建价格以转换为总折旧率,并计算一个平均总折旧率;

(6)将估价对象建筑物的重新构建价格乘以平均总折旧率,便得到估价对象的建筑物折旧。

🐾 本章小结

成本法是以不动产价格的各个构成部分的累加为基础来计算不动产价值的方法,即分别计算不动产价格的各个组成部分,再将各个组成部分相加得到不动产的估价。成本法的理论依据是生产费用价值论,即商品的价格是由生产其所必需的费用决定的。成本法适用于那些无法利用市场比较法估价的狭小市场、欠发达市场或封闭市场上的不动产估价,也适用于那些既无收益又无交易的不动产的估价。运用成本法估价的步骤:选择具体估价路径;测算重置成本或重建成本;测算折旧;计算成本价值。

不动产的重新购建价格可以分为七个大项:土地取得成本;开发成本;管理费用;销售费用;投资利息;销售税费;开发利润。成本法最基本的公式为成本价值=重新构建价格-折旧。重新购建价格是指假设在估价时点重新取得全新状况的估价对象所必需的支出,或者重新开发建设全新状况的估价对象所必需的支出和应获得的利润。计算不动产的重新购建价格,是先计算土地的重新取得价格或重新开发成本,再计算建筑物的重新购建价格,然后相加。建筑物的重新购建价格可采用成本法、市场比较法计算,或通过政府公布的房屋重新购建价格扣除土地价格后的比较修正来计算,也可按工程造价估算的方法具体计算。

建筑物折旧是指各种原因造成的价值折损,其金额为价值时点建筑物重新购建价格与市场价值之差。造成折旧的原因包括物质折旧、功能折旧和经济折旧。建筑物折旧的估算方法有很多种,如年龄—寿命法、市场提取法、实际观察法、综合法等。

章后习题

一、多项选择题

1. 成本法特别适用于那些既无收益又很少发生交易的不动产估价,这类不动产主要包括(   )等。

   A. 图书馆   B. 钢铁厂   C. 空置的写字楼
   D. 单纯的建筑物   E. 加油站

2. 某宗不动产的价格并不是由其开发建设成本决定的,因此运用成本法估价应该注意的内容包括(   )。

   A. 应采用客观成本而不是实际成本
   B. 应采用实际成本而不是客观成本
   C. 应结合选址、规划设计等对成本法的测算结果进行调整
   D. 应结合市场供求状况对成本法的测算结果进行调整
   E. 应结合估价委托人的要求对成本法的测算结果进行调整

3. 在运用成本法时最主要的有(   )。

   A. 区分计划成本和实际成本
   B. 区分实际成本和客观成本
   C. 结合实际成本来确定评估价值
   D. 结合实际开发利润来确定评估价值
   E. 结合市场供求分析来确定评估价值

4. 下列不动产开发成本中,属于基础设施建设费的是(   )。

   A. 围墙工程费   B. 电力设施工程费
   C. 居委会用房建设费   D. 人防工程费

5. 某成片荒地面积为 1 平方千米,进行"七通一平"的开发后分块有偿转让,开发成本及管理费用、销售费用等为 3 亿元,年贷款利率为 7.2%,开发经营期为 1 年,上述费用均匀投入,可转让土地面积比率为 65%。该地块可转让土地的应计成本是(   )元/平方米。

   A. 310.61   B. 321.60   C. 477.87   D. 494.77

6. 成本法中,在计算投资利息时,应计息项目包括(   )。

   A. 土地取得成本   B. 建设成本   C. 管理费用
   D. 销售费用   E. 销售税费

7. 某宗熟地的原生地取得费为 540 元/平方米,土地开发期为 2 年,土地开发费第一年和第二年分别为 90 元/平方米和 60 元/平方米,贷款年利率为 8%。这块地

的面积是 10000 平方米。采用成本法计算该熟地的价值时,其中的投资利息为 ( )元/平方米。

    A. 55. 20   B. 103. 22   C. 109. 63   D. 114. 82

8. 某商品住宅项目的土地取得费用、建设成本、管理费用、销售费用、投资利息、销售税金分别为 600 万元、900 万元、50 万元、60 万元、150 万元、120 万元,投资利润率为 20%,则成本利润率为( )。

    A. 17. 13%   B. 18. 30%   C. 18. 61%   D. 21. 47%

9. 某写字楼的土地取得成本为 8000 万元,建设成本为 6000 万元,管理费用为 800 万元,销售费用为 600 万元,投资利息为 720 万元,销售税费为售价的 6%,销售利润率为 16%。该写字楼的价值为( )万元。

    A. 17087. 20   B. 18699. 20   C. 19666. 40   D. 20666. 67

10. 某不动产开发商开发一幢建筑面积为 10000 平方米的写字楼,开发完成后销售均价为 3000 元/平方米,已知取得土地时楼面地价为 1000 元/平方米,开发成本和管理费用为 1200 元/平方米,开发成本和管理费用在开发期内均匀投入,开发完成后即开始销售,销售费用为销售价格的 2%,销售税费为销售价格的 5.5%,开发期为 1.5 年,年利率为 10%。该幢写字楼的销售利润率为( )。

    A. 7. 90%   B. 11. 08%   C. 11. 83%   D. 13. 73%

二、名词解释

1. 投资利息
2. 重建成本
3. 重置成本
4. 公益不动产

三、简答题

1. 成本法的估价步骤包括哪些?
2. 成本法的适用对象与条件有哪些?
3. 重新构建价格如何界定?
4. 重新构建价格的构成包括哪些因素?
5. 建筑物的重新构建价格求取有哪些方法?
6. 房屋建筑物折旧是由哪些原因导致的?
7. 房屋建筑物折旧的估算方法有哪些?
8. 估算房屋建筑物折旧的时候应该注意哪些问题?

四、计算题

1. 某商品住宅楼建于 10 年前,由购买政府出让的土地而建,土地使用年限为 70 年,土地面积为 1500 平方米,土地出让价格(熟地)为每平方米 1000 元,现时重新取得该类土地每平方米需要 1600 元。住宅楼的总建筑面积为 3300 平方米,当时的建筑造价为每平方米 900 元,现时建造同类建筑物每平方米建筑面积需要 1200 元。经济寿命为 50 年。其中门窗等损坏的修复费用为 3 万元;装修的重置价格为 40 万元,平均寿命为 5 年,已使用 3 年;设备的重置价格为 100 万元,平均寿命为 15 年,已使用 10 年,保养状况正常。残值率均为零。试评估该住宅楼现时的价值。

2. 估价对象为一政府用办公楼,土地总面积为 1000 平方米;建筑总面积为 4500 平方米;建于 1992 年 9 月底,钢筋混凝土结构,需评估该办公楼 2012 年 9 月 30 日的价值。收集有关资料如下。

(1)收集三宗土地交易实例作为可比实例,有关资料如表 6-2 所示:

表 6-2　三宗土地交易实例有关资料

实例	交易价格	交易情况	交易日期	不动产状况
A	2200	正常	2012 年 3 月 30 日	比估价对象劣 3%
B	2050	正常	2011 年 12 月 30 日	比估价对象劣 8%
C	2380	比正常价格高 3%	2012 年 5 月 30 日	比估价对象优 5%

注:从 2011 年 12 月至 2012 年 9 月地价每月上升 0.5%。

(2)当地征用农用地的费用等资料如下:

在估价时点征用郊区农地平均每亩需要 10 万元的征地补偿、安置等费用,向政府交付土地使用权出让金等每平方米 150 元,土地开发费用、税金和利润等每平方米 120 元,以上全计为城市边缘熟地的价格。

该城市土地分为 8 个级别,城市边缘土地为第 8 级,而估价对象处于第 3 级土地。各级土地之间的价格差异如表 6-3 所示:

表 6-3　各级土地之间的价格差异

级别	1	2	3	4	5	6	7	8
地价是次级土地的倍数	1.4	1.4	1.4	1.4	1.4	1.4	1.4	1
地价是最差级土地的倍数	10.54	7.53	5.38	3.84	2.74	1.96	1.4	1

(3)建筑物的重置价格为 1100 元/平方米。

(4)建筑物耐用年限为 60 年,无残值。

试用成本法评估该办公楼 2012 年 9 月 30 日的价值。土地重置价要求分别用比较法和成本法计算(如需计算平均值,请采用简单算术平均法)。

## 第七章

假设开发法

主要知识点

假设开发法的含义、假设开发法的理论依据和适用对象、假设开发法估价的操作步骤、假设开发法的基本公式、现金流量折现法定义和优缺点

第一节　假设开发法概述

假设开发法,又称剩余法、倒算法或余值法,是指预计估价对象开发完成后的价值,扣除预计的正常开发成本、税费和利润等,以此估算估价对象的客观合理价格或价值的方法。

一、假设开发法的理论依据

假设开发法发源于地租原理,以预期原理作为基本理论依据,是集市场法、成本法和收益法三种估价方法于一身,且替代原则贯穿始终的综合方法。

1. 预期原理

假设开发法是一种科学实用的估价方法,其基本理论依据与收益法相同,都是预期原理。预期原理说明,决定不动产当前价值的,重要的不是过去的因素而是未来的因素。具体地说,房地产当前的价值,通常不基于其历史价格、开发建设所花费的成本或者过去的市场状况,而是基于市场参与者对其未来所能带来的收益或者能够得到满足、乐趣等的预期。历史资料的作用,主要是推知未来的动向和情势,解释未来预期的合理性。

2. 地租原理

由于假设开发法最初主要应用于待开发土地的估价,而土地价格本质上是地

租的资本化,所以假设开发法的理论依据可以用地租原理来解释。只不过地租是每年的租金剩余,假设开发法通常测算的是一次性的价格剩余。

3. 替代原理

替代原理由于体现了市场上相同或相近不动产的价格最终趋于一致或接近的规律,也成为假设开发法的理论依据。假设开发法既要根据与待开发不动产开发完成后相类似的不动产的现时价值及其发展变化趋势,来预测待开发不动产完成后的价值,又要根据开发类似不动产所需各项成本费用以及税费的正常数额及其未来变化,确定完成待开发不动产所需各项成本费用,在估价过程所需的这些参数的数额,都是在与类似不动产比较的基础上确定的。

二、假设开发法的适用范围

假设开发法的适用范围不仅包括不动产开发用地的估价,还包括具有投资开发或者再开发潜力的不动产的估价。开发完成后的价值可以采用市场法、收益法等方法计算。假设开发法的适用范围包含以下几个方面:①待开发土地估价。包括五种情况的土地估价:由生地建造房屋然后租售;由毛地建造房屋然后租售;由熟地建造房屋然后租售;由生地开发成熟地然后租售;由毛地开发成熟地然后租售。②待拆迁改造的再开发不动产的估价。③仅将土地或不动产整理成可供直接利用的土地或不动产的估价。④现有新的不动产中地价的单独评估。

当不动产具有潜在的开发价值时,通过招标、拍卖、协议等方式出让土地使用权的方式中,假设开发法几乎是唯一实用的方法。

根据《资产评估职业准则》,采用假设开发法评估不动产时,估价师应当了解:①假设开发法适用于具有开发和再开发潜力,并且其开发完成后的价值可以确定的不动产;②开发完成后的不动产价值是开发完成后不动产状况所对应的价值;③后续开发建设的必要支出和应得利润包括后续开发成本、管理费用、销售费用、投资利息、销售税费、开发利润和取得待开发不动产的税费等;④假设开发方式通常是满足规划条件下的最佳开发利用方式;⑤假设开发法的估价前提应根据估价目的、估价对象所处开发建设状态等情况,并应经过分析,从业主自行开发前提、自愿转让开发前提、被迫转让开发前提这三个前提中选择其一。

第二节 假设开发法估价的公式

一、假设开发法的基本公式

待开发不动产价值 = 开发完成后不动产价值 − 后续开发建设的必要支出和应得利润

其中,开发完成后的不动产,可以出租经营获利,也可以出售获利,具体的价值计算方法取决于收益方式。开发建设的必要支出,包括土地开发费用、房屋建筑物建造成本、期间费用、相关税费等。土地开发费用是指"七通一平"和基础配套设施的建设费用;房屋建筑物建造成本是指前期工程费用、房屋建筑安装工程费用和公共配套设施费用;期间费用是指管理费用、财务费用、销售费用等;相关税费是指土地使用税、经营性税金和销售性税费等。应得利润是根据待估对象的取得成本及追加建设期的支出合计,考虑一定成本利润比例估算得到的。

二、假设开发法的具体公式

根据假设开发法在不动产评估中应用的实际情况,其基本公式可根据估价对象以及开发后的不动产经营方式进行细化。

1. 按估价对象划分

待开发不动产在投资开发前的状况,即估价对象状况,有土地(又可分为生地、毛地、熟地)、在建工程和旧房等;在投资开发后的状况,有熟地和房屋(包含土地)等。综合起来可归纳为以下几种情况:

(1)估价对象为生地,可以建设房屋和开发成熟地进行销售。

当在生地上进行房屋建设时:

生地价值=开发完成后的价值−由生地建造成房屋的开发成本−管理费用−销售费用−投资利息−销售税费−开发利润−买方购买生地应负担的税费

当将生地开发成熟地时:

生地价值=开发完成后熟地价值−由生地开发成熟地的开发成本−管理费用−销售费用−投资利息−销售税费−开发利润−买方购买生地应负担的税费

（2）估价对象为毛地，可以建设房屋和开发成熟地进行销售。

当在毛地上进行房屋建设时：

毛地价值=开发完成后的价值-由毛地建造成房屋的开发成本-管理费用-销售费用-投资利息-销售税费-开发利润-买方购买毛地应负担的税费

当将毛地开发成熟地时：

毛地价值=开发完成后熟地价值-由熟地建造成房屋的开发成本-管理费用-销售费用-投资利息-销售税费-开发利润-买方购买毛地应负担的税费

（3）估价对象为熟地，一般是直接在熟地上进行房屋开发建设。

熟地价值=开发完成后的价值-由熟地建造成房屋的开发成本-管理费用-销售费用-投资利息-销售税费-开发利润-买方购买熟地应负担的税费

（4）估价对象为在建工程。一般是将在建工程继续建造成房屋。

在建工程的价值=续建完成后的价值-后续建设成本-管理费用-销售费用-投资利息-销售税费-后续建设的投资利润-买方购买在建工程应负担的税费

（5）估价对象为具有装修改造潜力的旧房，计算装修改造完的价值。

旧不动产的价值=装修改造完成后的价值-装修改造成本-管理费用-销售费用-投资利息-销售税费-后续建设的投资利润-买方购买旧房应负担的税费

2. 按开发完成后经营方式划分

投资开发后的不动产经营方式有出售（包括预售、建成后出售）、出租（包括预租，但比较少见，多为建成后出租）和营业（如商店、旅馆、餐馆、游乐场）等。按开发完成后的经营方式细化的假设开发法的基本公式如下。

（1）适用于开发完成后出售的公式：

$$V = V_p - C$$

其中，V 为待开发不动产的价值；V_p 为用市场法或长期趋势法测算的开发完成后不动产价值；C 为应扣除项目。

（2）适用于开发完成后出租、营业的公式：

$$V = V_p - C$$

其中，V_p 为用收益法测算的开发完成后的不动产价值。

三、假设开发法的两种计算方法

由于不动产开发周期一般较长，各项成本费用及其收益价值的发生时间不尽相同，因此运用假设开发法估价，必须考虑时间价值。资金时间价值的处理方式一般有两种：静态分析法和动态分析方法，并应优先选用动态分析法。

1. 静态分析法

静态分析法不考虑各项成本费用和收益的时间差异,但同成本法一样,需详细计算各项成本支出的利息,并考虑开发利润。静态分析法中开发完成后的价值可以是假设未来开发完成后的不动产在价值时点的价值。

待开发不动产价值=开发完成后不动产价值−后续开发成本−管理费用−销售费用−投资利息−销售税费−续建投资利润−取得待开发不动产的税费

其中,后续开发的投资利息的计算基数,应包括估价对象价值或价格和后续开发的建设成本、管理费用、销售费用。当估价前提为自愿转让开发和被迫转让开发时,计算基数还应包括估价对象取得税费。各项计算基数的计息期,应分别自其发生时起至建设期结束时止。

静态分析法中后续开发的应得利润,应在明确其计算基数和相应开发利润率的基础上,等于其计算基数乘以类似不动产开发项目的相应开发利润率。

2. 动态分析法

动态分析法,也称现金流折现法,即将未来各项成本费用和收益通过合适的折现率统一到价值时点,同时不再考虑利息和开发利润,因为折现率的确定过程中就已经包含了资本利息成本和合理利润增值。

待开发不动产价值=开发完成后不动产价值−后续开发成本−管理费用−销售费用−销售税费−取得待开发不动产的税费

其中,动态分析法中折现前开发完成后的价值,应该是未来开发完成后的不动产在其开发完成时的价值。

动态分析法中各项成本和收益的折现率应为类似不动产开发项目所要求的收益率。

【例7.1】某旧厂房的建筑面积为5000平方米。根据其所在地点和周围环境,适宜装修改造成商场出售,并可获得政府批准,但需补交土地使用权出让金等400元/平方米(按建筑面积计),同时取得40年的土地使用权。预计装修改造期为1年,装修改造费为每平方米建筑面积1000元;装修改造完成后即可全部售出,售价为每平方米建筑面积4000元;销售税费为售价的8%;购买该旧厂房买方需要缴纳的税费为其价格的4%。试利用上述资料用现金流量折现法估算该旧厂房的正常购买总价和单价(折现率为12%)。

【解】旧厂房的购买价格V=装修改造后商场售价A−补出让金数额B−装修改造费C−销售税费D−购买税费E

$$A = \frac{4000 \times 5000}{1 + 12\%} = 1785.71(万元)$$

$$B = 400 \times 5000 = 200(万元)$$

$$C = \frac{1000 \times 5000}{(1 + 12\%)^{0.5}} = 47246(万元)$$

$$D = 1785.71 \times 8\% = 142.86(万元)$$

$$E = V \times 4\% = 0.04V(万元)$$

$$V = A - B - C - D - E$$

$$V = 1785.71 - 200 - 472.46 - 142.86 - 0.04V$$

总价：$V = 933.07(万元)$

单价：$v = 1866.13$ 元/平方米

第三节　假设开发法的操作过程

根据假设开发法评估的基本思路,运用假设开发法估价一般分为七个步骤。下面以评估一块待开发的土地价值为例介绍假设开发法的操作步骤。

一、调查不动产的基本情况

调查土地的位置,包括土地所在城市的性质、土地所在地区的性质和土地的具体坐落状态三个方面。调查这些主要是为选择最佳的土地用途服务的。

调查土地的面积大小、形状、平整程度、基础设施通达程度、地质和水文状况等。调查这些主要是为估算开发成本、费用等服务的。

调查政府的规划限制,包括调查规定的用途、建筑高度、容积率等。调查这些主要是为确定最佳的开发利用方式服务的。

调查不动产的各项权利,包括待估不动产的权利性质、使用年限、可否续期,以及对转让、出租、抵押等的有关规定等。调查这些资料主要是为预估未来的售价、租金水平等服务的。

二、选择具体估价方法和估价前提

运用假设开发法在选择具体估价方法时可以选择动态分析法或静态分析法，并应优先选用动态分析法。

估价时应选择下列前提之一：业主自行开发前提，自愿转让开发前提，被迫转让开发前提。如果估价前提为业主自行开发的，后续开发的必要支出一般不包括估价对象取得税费。

三、确定待估不动产的最佳开发经营方式

根据调查得到的土地状况和不动产市场条件等，在城市规划及法律法规等允许的范围内，确定地块的最佳经营开发方式，包括用途、建筑容积率、土地覆盖率、建筑高度、建筑装修档次等。确定最佳经营开发方式时，最重要的是选择最佳的土地用途。土地用途的选择，要与不动产市场的需求相结合，并且要有一定的预测。简而言之，最佳经营开发方式就是满足最高最佳利用原则，法律上许可、技术上可能、未来净现金流价值最大的利用方案。

四、估计开发建设周期

开发建设周期是指从取得土地使用权一直到不动产全部销售或出租完毕的这一段时期。开发建设周期多为政府规定，有些由开发商自己确定。若不能从以上两方面得到，则根据市场同类开发项目所需时间来确定。另外，评估人员还必须估计出从建设完成到租出或售出的时间。

估计开发建设周期的主要目的是把握建筑物的竣工时间，为预测建筑物竣工时的价格、建筑费用等的投入、利息的负担以及各项收入与支出的折现计算等服务。估计开发建设周期时应参照各地的工期定额指标进行估计，也可采用比较法，即根据其他相同类型、同等规模的建筑物已有正常建设周期进行估计。

五、估算开发费用和开发利润

不同的估价对象，不同的开发利用方案，所需追加的必要开发费用项目是不同的，应具体项目具体分析。以待开发土地的估价为例，开发费用等扣除项目包含以下内容。

（1）开发成本，可采用比较法来估算，即通过同类建筑物当前开发成本的大致金额来估算，也可采用类似建筑工程概算的方法来估算。

（2）管理费用，一般根据开发成本的一定比率来估算。

（3）销售费用，一般按照未来开发完成后的价值的一定比率来计算。

（4）销售税费，一般按照未来开发完成后的价值的一定比率来计算。

（5）投资利息，只有在静态分析法中才需要测算。应计息的项目包括：①未知的、需要计算的、待开发不动产的价值；②取得待开发不动产的税费；③后续开发成本、管理费用和销售费用。其中销售税费不计利息。

（6）开发利润，只有在静态分析法中才需要测算。利润的计算基数中一般不包括投资利息、销售税费，但应包括：①未知的、需要计算的待开发不动产的价值；②取得待开发不动产的税费；③后续开发成本、管理费用和销售费用等。

（7）取得待开发不动产应负担的税费，即假定价值时点一旦购置待开发不动产，购置时应由购置者缴纳的有关税费，如契税、交易手续费等。该项税费需依照税法及有关规定按照待开发不动产的价值的一定比率来测算。

六、预测不动产开发完成后的价值

开发完成后的价值可采用比较法或长期趋势法计算，也可采用收益法计算。根据所开发不动产的类型，开发完成后的不动产总价可通过两个途径获得。

对于出售的不动产，如居住用商品房、工业厂房等，可采用市场比较法确定开发完成后的不动产总价，预测未来的价格。

对于出租的不动产，如写字楼和商业楼宇等，其开发完成后不动产总价的计算，可先采用市场比较法确定所开发不动产出租的净收益，再采用收益还原法将出租收益转化为不动产总价。

【例7.2】对于出租和营业的不动产，如写字楼、商店、旅馆、餐馆，要预测其开发完成后的价值，可以先预测其租赁或经营收益，再采用收益法将该收益转换为价值。

例如，根据当前的市场租金水平，预测未来建成的某写字楼的月租金为每平方米使用面积35美元，出租率为90%，运营费用占租金的30%，报酬率为10%，可供出租的使用面积为38000平方米，运营期为47年，则该写字楼的未来总价值可估计为

$$\frac{35 \times 90\% \times (1-30\%) \times 12 \times 38000}{10\%} \left[1 - \frac{1}{(1+10\%)^{47}} \right] = 9941（万美元）$$

七、确定估价对象开发价值

根据估价目的及估价对象的特征,采用静态分析法或动态分析法得到待开发不动产的价值,即开发完成后的价值减去相应开发费用和应得利润。如果采用动态分析法,估价人员还需估计项目合适的折现率。折现率相当于同一市场中类似不动产开发项目的平均报酬率,它体现了资金的利率和开发利润率两个部分。

【例7.3】某宗"七通一平"熟地的面积为5000平方米,容积率为2,适宜建造一幢乙级写字楼。预计取得该土地后将该写字楼建成需要2年,建筑安装工程费为每平方米建筑面积1500元,勘察设计和前期工程费及其他工程费为建筑安装工程费的8%,管理费用为建筑安装工程费的6%,建筑安装工程费、勘察设计和前期工程费及其他工程费、管理费用第一年需要投入60%,第二年需要投入40%。在该写字楼建成前半年需要开始投入广告宣传等销售费用,该费用预计为售价的2%。当地不动产交易中卖方应缴纳的营业税等税费和买方应缴纳的契税等税费,分别为正常市场价格的6%和3%。预计该写字楼在建成时可全部售出,售出时的平均价格为每平方米建筑面积3500元。请利用所给资料采用假设开发法中的现金流量折现法测算该土地的总价、单价及楼面地价(折现率为12%)。

【解】估价时点为购买该土地之日,假设为现在,并设该土地的总价为V,则:

(1)该写字楼的总建筑面积 $= 5000 \times 2 = 10000$(平方米)

(2)开发完成后的该写字楼总价值 $= \dfrac{3500 \times 10000}{(1+12\%)^2} = 2790.18$(万元)

(3)该土地取得税费总额 $= V \times 3\% = 0.03V$(万元)

(4)建安工程费等的总额 $= 1500 \times 10000 \times (1+8\%+6\%) \times$

$$\left[\frac{60\%}{(1+12\%)^{0.5}} + \frac{40\%}{(1+12\%)^{1.5}} \right] = 1546.55 (\text{万元})$$

建筑安装工程费、勘察设计和前期工程费及其他工程费、管理费用在各年的投入实际上是覆盖全年的,但为折现计算的方便起见,假设各年的投入集中在该年的年中,这样,就有了上述计算中的折现年数分别是0.5和1.5的情况。

(5)销售费用总额 $= \dfrac{3500 \times 10000 \times 2\%}{(1+12\%)^{1.75}} = 57.41 (\text{万元})$

销售费用假设在写字楼建成前半年内均匀投入,视同在该期间的中点一次性投入,这样就有了上述计算中的折现年数是1.75的情况。

（6）销售税费总额 = 2790.18×6% = 167.41（万元）

（7）V = 2790.18 - 0.03V - 1546.55 - 57.41 - 167.41

V = 989.14（万元），故：

土地总价 = 989.14（万元）

$$土地单价 = \frac{9891400}{5000} = 1978.28（元/平方米）$$

$$楼面地价 = \frac{9891400}{10000} = 989.14（元/平方米）$$

本章小结

　　假设开发法是指预计估价对象开发完成后的价值，扣除预计的正常开发成本、税费和利润等，以此估算估价对象的客观合理价格的方法，主要适用于具有投资开发潜力或者再开发潜力的不动产的估价，具体包括：待开发土地估价、待拆迁改造的再开发不动产的估价、仅将土地或不动产整理成可供直接利用的土地或不动产的估价、现有新的不动产中地价的单独评估。

　　假设开发法的基本公式为待开发不动产价值 = 开发完成后不动产价值-后续开发建设的必要支出和应得利润。根据假设开发法在不动产评估中应用的实际情况，基本公式可根据估价对象以及开发后不动产经营方式进行细化。根据资金时间价值的处理方式不同，假设开发法一般有两种计算方法：静态分析法和动态分析方法，并应优先选用动态分析法。静态分析法不考虑各项成本费用和收益的时间差异，但同成本法一样，需详细计算各项成本支出的利息，并考虑开发利润。动态分析法将未来各项成本费用和收益通过合适的折现率统一到价值时点，同时不再考虑利息和开发利润。

　　运用假设开发法估价一般分为七个步骤：调查不动产的基本情况、选择具体估价方法和估价前提、确定待估不动产的最佳开发经营方式、估计开发建设周期、估算开发费用和开发利润、预测不动产开发完成后的价值、确定估价对象开发价值。

章后习题

一、选择题

1. 假设开发法是计算估价对象未来（　　），减去未来的正常开发成本、税费和利润等,以此估算估价对象的客观合理价格或价值的方法。

  A. 不动产价值   B. 价值

  C. 开发完成后的价值   D. 开发价值

2. 假设开发法在形式上是( )。

  A. 评估新建不动产价格的收益法的倒算法

  B. 评估新建房地的价格的成本法的倒算法

  C. 评估不动产价格的收益法的倒算法

  D. 评估不动产价格的成本法的倒算法

3. 假设开发法适用于具有( )的不动产估价。

  A. 投资开发价值   B. 投资开发潜力

  C. 投资开发潜力或再开发潜力 D. 投资开发前景

4. 对于有规划设计条件要求但尚未明确的待开发不动产,( )进行估价。

  A. 难以采用假设开发法   B. 可以采用比较法

  C. 难以采用成本法   D. 可以采用收益法

5. 在选择最佳的开发利用方式中,最重要的是要( )。

  A. 选择最佳的规模   B. 选择最佳的用途

  C. 选择用途   D. 选择规模

6. 假设开发法的基本理论依据是( )。

  A. 替代原理   B. 收益原理

  C. 预期原理   D. 假设开发原理

7. 当估价对象具有潜在的开发价值时,( )几乎是唯一实用的估价方法。

  A. 成本法 B. 比较法 C. 收益法 D. 假设开发法

8. 假设开发法的计算公式中,如果是已经投入使用的费用,则它就( )。

  A. 作为扣除项目扣除

  B. 包含在待开发不动产的价值内

  C. 需要根据具体情况确定是否扣除

  D. 不能包含在待开发不动产的价值内

9. 不动产开发具有( )的特点,故其开发成本、管理费用、销售税费、开发完成后的价值等实际发生的时间不尽相同,特别是一项大型的不动产开发项目。

  A. 投资量大   B. 周期长

  C. 风险性大   D. 开发费用投入时间变化大

10. 对于开发完成后的不动产价值、开发成本、管理费用、销售税费等的估算,在传统方法中主要是根据( )作出的。

  A. 估价时的不动产状况

B. 估价时的不动产市场状况

C. 开发完成后的不动产状况

D. 开发完成后的不动产市场状况

二、多项选择题

1. 假设开发法适用于以下不动产的估价(　　)。

    A. 生地、毛地　　　　　　　　B. 熟地　　　　　　　　C. 现房

    D. 旧房改建　　　　　　　　　E. 旧房重建

2. 运用假设开发法估价,需要估算(　　)。

    A. 开发成本　　　　　　　　　　　　B. 管理费用

    C. 投资利息　　　　　　　　　　　　D. 待开发不动产的销售税费

    E. 开发利润及投资者购买待开发不动产应负担的税费

3. 调查待开发土地的基本情况,弄清土地的位置,包括(　　)。

    A. 土地所在城市的性质

    B. 土地所在城市内的区域的性质

    C. 土地面积的大小

    D. 具体的坐落状况

4. 调查待开发土地的基本情况,弄清政府的规划限制,主要包括(　　)。

    A. 弄清规定的用途　　　　B. 弄清容积率

    C. 弄清建筑高度　　　　　D. 弄清楼层层高　　　　E. 弄清建筑结构

5. 选择最佳的开发利用方式包括(　　)等的确定。

    A. 结构　　　　　　　　　　B. 构造　　　　　　　　　C. 用途

    D. 规模　　　　　　　　　　E. 档次

6. 待开发不动产投资开发前后的状况包括有(　　)。

    A. 估价对象为生地,将生地开发为毛地

    B. 估价对象为毛地,将毛地开发为生地

    C. 估价对象为毛地,将毛地开发成在建工程

    D. 估价对象为熟地,将熟地建成房屋

    E. 估价对象为熟地,将熟地开发成在建工程

7. 待开发不动产在投资开发后的状况有(　　)。

    A. 毛地　　　　　　　　　　B. 熟地　　　　　　　　　C. 在建工程

    D. 生地　　　　　　　　　　E. 房屋(含土地)

8. 运用假设开发法估价必须考虑货币的时间价值,但考虑货币的时间价值可以
(　　)。

A. 采用折现的方式   B. 采用计算利息的方式

C. 采用现金流量计算的方式   D. 采用百分率计算的方式

E. 采用不动产价格变动率的方式

三、名词解释

1. 动态分析法

2. 静态分析法

3. 具有开发潜力的不动产

4. 现金流量折现法

四、简答题

1. 假设开发法的适用对象和条件是什么?

2. 假设开发法和成本法的主要区别有哪些?

3. 假设开发法与成本法的关系是什么?

4. 假设开发法的估价步骤和方法有哪些?

5. 假设开发法中的计息方法有哪些?

6. 现金流量折现法与传统法的区别有哪些?

7. 现金流量折现法相对于传统方法的优缺点有哪些?

8. 假设开发法的其他用途有哪些?

五、计算题

1. 某成片荒地的面积为 2 平方千米,适宜开发成"五通一平"的熟地分块转让;可转让土地面积的比率为 60%;附近地区与之位置相当的"小块""五通一平"熟地的单价为 800 元/平方米;建设期为 3 年;将该成片荒地开发成"五通一平"熟地的建设成本以及管理费用、销售费用为 2.5 亿元/平方千米;贷款年利率为 8%;土地开发的年均投资利润率为 10%;当地土地转让中卖方需要缴纳的营业税等税费和买方需要缴纳的契税等税费分别为转让价格的 6% 和 4%。请采用假设开发法中的传统方法测算该成片荒地的总价和单价。

2. 某旧厂房的建筑面积为 5000 平方米,根据其位置,适宜改造成商场出售,并可获得政府批准,但需补交出让金等费用 400 元/平方米(按建筑面积计),同时取得 40 年的建设用地使用权。预计购买该旧厂房买方需要缴纳的税费为其价格的 4%;改造期为 1 年,改造费用为每平方米建筑面积 1000 元;改造完成后即可全部售出,售价为每平方米建筑面积 4000 元;在改造完成前半年开始投入广告宣传等销售费用,该费用预计为售价的 2%;销售税费预计为售价的 6%。请利用上述资料采用假设开发法中的现金流量折现法测算该旧厂房的正常购买总价和单价(折现率为 12%)。

3. 有一成片荒地需要估价,获知该成片荒地的面积为 3 平方千米,适合进行"五通一平"的开发后分块有偿转让;可转让土地面积的比率为 50%;附近熟地的单价为 1000 元/平方米;开发期为 3 年。将该成片荒地开发成"五通一平"熟地的开发成本、管理费用等估计为每平方千米 3 亿元;贷款年利率为 10%;投资利润率为 10%,土地转让卖方需缴纳的税费为转让价格的 5%,买方需缴纳的税费为转让价格的 5%。试用传统法估算该成片荒地的总价和单价。

4. 某在建工程于 2001 年 11 月 30 日开工,拟建为商场和办公综合楼;总用地面积为 3000 平方米,土地使用权年限为 50 年,从开工之日起计;规划建筑总面积为 12400 平方米,其中商场建筑面积为 2400 平方米,办公楼建筑面积为 10000 平方米;该工程正常施工期为 2 年,建筑费用为每平方米建筑面积 2300 元,专业费为建筑费的 10%;至 2002 年 5 月 31 日已完成 7 层主体结构,已投入总建筑费用及专业费的 36%,还需要投入总建筑费及专业费的 64%(假设均匀投入,视同发生在该投入期中);贷款年利率为 8.5%。预计该工程建成后商场即可租出,办公楼即可售出;办公楼售价为每平方米建筑面积 5000 元,销售税费为售价的 8%;商场可出租面积的月租金为 80 元/平方米,建筑面积与可出租面积之比为 1:0.75,正常出租率为 85%,出租的成本及税费为有效总收益的 25%,经营期资本化率为 8%。估计购买该在建工程后于建成时应获得的正常投资利润为 5200000 元。试利用上述资料以动态方式估计该在建工程于 1998 年 5 月 31 日的正常总价格。

第八章

长期趋势法

📖 **主要知识点**

长期趋势法概念、长期趋势法理论依据和适用对象、长期趋势法的特点、长期趋势法的具体方法

第一节 长期趋势法概述

在不动产估价的方法体系中,主要是成本法、市场法、收益法三种方法,但在实际工作中,人们根据数学知识,还发展了其他的不动产估价方法作为补充。对于回顾性不动产估价,特别是价值时点为过去较长时间,估价师无法收集到可比实例,不宜采用比较法、收益法等方法的情况下,如何选用估价方法及技术路线,是很多估价师都遇到过的问题。而长期趋势法正好可以填补这个不动产评估方法体系中的不足。

一、长期趋势法的理论依据

不动产估价的长期趋势法,是指依据不动产价格的历史资料和数据将其按时间顺序排成时间序列,运用时间序列分析和回归分析等方法,预测不动产价格的变化趋势,从而进行类推或者延伸,对不动产价格做出推断的一种估价方法,因此又称为外推法、延伸法、趋势法等。

长期趋势法是根据不动产价格在长期内形成的规律作出判断,需要借助历史统计资料和现实调查资料来预测未来,通过对这些资料的统计、分析得出一定的变动规律,并假定其过去形成的长期趋势在未来继续存在。该方法是以统计学为基础的,通过对时间序列的分析以及回归分析,运用预测科学的相关理论和方法来对不动产价格的未来价格进行预测。所谓长期趋势是指在相当长的时期内,社会现象表现为持续不断地增长或降低的趋势。从不动产的长期发展趋势来看,不动产

价格处于不断上升的过程,尽管在某些特定时期,不动产价格会有所下降,但就长期发展而言,不动产价格仍然是上升的态势。在不同的时期内,影响不动产价格变动的因素也各有差别。其中那些长期起决定作用的因素促使不动产价格沿着上升的方向变动,这就是不动产价格的长期趋势。

从价格的时间序列数据本身来看,不动产价格通常会出现上下波动的情况,在短期内难以发现其变动规律以及发展趋势,但从长期来看,不动产价格的变动呈现一定的规律性。因此,当需要评估或预测某一不动产的价格时,可以收集该不动产过去较长时期的历史价格资料,并按照时间的先后顺序将其编排成时间序列,从而找出该不动产的价格随时间变动的过程、方向、程度和趋势,然后进行外延或类推,这样就可以对该不动产在估价时期的价格做出比较肯定的推测和科学的判断,即评估出该不动产的价格。因此可以说,根据不动产的历史资料和数据,通过数学分析,可以推断出该类不动产目前或者未来某一时点的价格,这就是长期趋势法的理论依据。

二、长期趋势法适用的对象、条件和范围

从长期趋势法的理论依据中可知,运用长期趋势法预测不动产未来某个时期的价格,需要借助历史统计资料和现实调查资料总结不动产价格长期发展规律,并假设其过去形成的趋势在未来继续存在。若价格变化起伏不定,则难以运用长期趋势法进行预测。

长期趋势法适用的对象是价格无明显季节波动的不动产。长期趋势法适用的条件是被估对象具有长期的、足够的和真实的历史价格资料和数据,拥有越长期、越真实的历史价格资料,做出的推测与判断就越准确、可信,越能够消除短期变动和意外变动对不动产价格造成的影响。

长期趋势法适用的范围包括:①用于预测不动产的未来价格总体水平及其发展趋势;②可用于收益法中对未来经营收入、主营成本及净收益等的预测;③可用于两宗或两宗以上不动产价格发展趋势或潜力的比较,填补某宗不动产历史价格资料不完整的缺陷;④对土地、建筑物的估价和对不动产买卖价格、租赁价格、抵押价格的评估,只要具备足够和真实的历史资料,都可运用这一方法。除此之外,运用假设开发等估价方法,往往还要运用长期趋势法的估价结果加以对照和验证。

当预测对象随时间变化呈现某种上升或下降趋势,没有明显的季节波动,且能找到一个合适的函数曲线反映这种变化趋势时,不动产估价人员常常采用长期趋势法对待估对象不动产进行价格预测。

三、对长期趋势法的评价

对长期趋势法的评价从其优缺点以及作用等几个方面来描述。

1. 长期趋势法的优点

(1)适用范围较广。不动产价格一般都具有长期变化趋势,因此长期趋势法可以用于许多类型的不动产评估中。

(2)估价成本低、评估程序简单。只需收集整理数据资料,然后运用科学的方法进行计算,就可以得到估价结果,过程简单。

(3)估价结果主观性较小。运用长期趋势法进行评估测算完全依据历史资料,撇开了主观因素的影响,得到的结果相对客观。

2. 长期趋势法的缺点

(1)不动产估价结果不能单独使用。长期趋势法是根据历史资料进行评估的,但是影响不动产价格的因素是不断变化的,不动产价格也在不断变化,因此运用长期趋势法评估不动产价格所得到的结果只是一种趋势值。这就决定了长期趋势法在不动产评估业务中不宜单独使用,只能和其他评估方法结合使用,作为其他估价方法的补充和检验。特别是,长期趋势法对于不动产市场不完善或缺乏较长期不动产历史价格资料的地区不适用。

(2)不动产估价结果忽略了各种短期波动性。长期趋势法计算的一种价格的时间序列的长期趋势值,舍弃了不动产价格的短期波动。其实,不动产价格存在许多不规则的短期波动。估价结果的准确性取决于价格数据选取的时间范围的长短。价格数据选取的时间范围过长,则忽略了不动产近期的价格变化;价格数据选取的时间范围过短,则无法测算不动产价格变化的长期趋势。这就使不动产评估业务缺少了灵活性。

(3)长期趋势法未考虑价格变动的因果关系。不动产价格受到许多因素的影响,但是趋势法忽略了这些影响因素的因果分析,它只是根据不动产价格的历史资料对目前或者未来某一时点的不动产价格进行预测。如房产税政策的出台,势必会给不动产价格带来一定程度上的影响,但是长期趋势法却难以将这一影响因素包含进去,其预测结果则也不一定与未来不动产的真实价值相符合。

(4)长期趋势法对于数据的要求较高。分析历史数据的变动规律,要在拥有较长时期的历史数据的基础上才能进行,如果数据量太少,则会增加结果的偶然性,因为短期数据难以反映出可靠的变动规律。而在具体的操作实践中,随着数据量的提升,数据采集工作的难度也会不断提高,甚至某些数据由于历史等原因已经无法收集,这便给运用长期趋势法来进行不动产估价的工作带来了很大的难度。

3. 长期趋势法的作用

(1)长期趋势法主要用于推测、判断不动产的未来价格,如用在假设开发法中预测开发完成后的价值。

(2)长期趋势法可以用在收益法中预测未来的租金、经营收入、运营费用、空置率、净收益等。

(3)长期趋势法可以用在比较法中对可比实例的成交价格进行市场状况调整;长期趋势法可以用来比较、分析两宗或两类以上不动产价格的发展趋势或潜力。

(4)长期趋势法还可以比较分析不动产价格的发展趋势或潜力,为不动产投资决策等提供参考依据。

长期趋势法不仅丰富和完善了不动产估价的方法体系,而且其应用也日益得到重视,在实际工作中已有较多的应用案例。但是就当前的不动产估价工作而言,利用长期趋势法进行预测的案例相对较少,若将长期趋势法在我国进行较大范围的应用,还需要不动产市场的进一步成熟发展,以及根据现实情况对长期趋势法的模型进行科学的调整。

第二节　长期趋势法的运用

一、长期趋势法的操作步骤

运用长期趋势法评估不动产价格一般分为四个步骤:

第一步,收集被估不动产价格的历史资料和数据。在具体的工作中,应当尽量收集足够多的历史数据,并进行检查核对,以保证数据的真实可靠。

第二步,整理分析收集到的数据资料,分析整理的原则是可比性,并将其化为同一标准,形成时间序列,画出研究对象价格变化的时间序列图。

第三步,观察、分析时间序列,根据其特征选择适当、具体的长期趋势法,估计出趋势模型。一般情况下,在长期趋势法中应用较多的是线性趋势模型,时间序列数据呈现相对稳定增长的情形,其他情形下也存在非线性趋势模型。

第四步,根据选取的模式去推测、判断估价对象在预测期内某个特定时点的价格。模型选定之后,将数据代入模型,即可预测某个特定时点的不动产价格。

二、长期趋势法评估的具体方法

长期趋势法评估的具体方法有数学曲线拟合法、平均增减量法、平均发展速度法、移动平均法、指数修匀法。

1. 数学曲线拟合法

为了逐期算出趋势值,可以考虑将不动产历史价格数据拟合一条数学曲线方程,这就是数学曲线拟合法。数学曲线拟合法是收集若干对数据组合(X_n,Y_n),通过观察这些数据组合的特点来预测变量 Y 的值。数学曲线拟合法主要有直线趋势法、指数曲线趋势法、二次抛物线趋势法,其中最常用、最简单的是直线趋势法。

直线趋势法是指当不动产价格的历史数据的时间序列接近于一条直线,即可运用直线趋势法进行估价。这种方法的关键是求得趋势直线,以利用趋势直线的延伸求得待估不动产价格。

直线趋势法的基本公式为 Y=a+bX。其中 Y 表示各个时间段的不动产价格,X 表示时间。X 为自变量,Y 是因变量,Y 随着 X 的变化而变化。如果 a、b 的值确定了,那么直线的公式也可以确定。这个公式中,可以加入更多的不动产的特征变量,作为控制变量,它们不会影响价格与时间之间的线性趋势假设,只是在估计其中的参数时需要使用多元线性回归模型。这一节中我们忽略其他特征变量,分析一种最简单的线性趋势模型。

对于参数 a、b 的估计,可以根据普通最小二乘法(OLS)得到。实践中,估价师可以使用统计软件较为容易地计算 a、b 的估计值。理论上,普通最小二乘法中参数 a、b 的估计值为

$$a = \frac{\sum Y - b \sum X}{N}$$

$$b = \frac{N \sum XY - \sum X \cdot \sum Y}{N \sum X^2 - (\sum X)^2}$$

其中,$\sum$ 为求和,N 为时间序列的项数。$\sum X$、$\sum X^2$、$\sum Y$、$\sum XY$ 的数值可以从时间序列的实际值中得出。由于计算结果和 X 的具体值无关,只和其排序有关,所以,在手动计算参数时,可以设定对称的 X 值,使 $\sum X = 0$,从而可以简化计算过程。

【例 8.1】南昌不动产 2011~2019 年的历史价格资料如表 8-1 所示,试运用数学曲线拟合法中的直线趋势法评估其 2020 年的价格。

表 8-1　南昌不动产 2011~2019 年的价格　　　　　　　　元/平方米

年份	序数	X	不动产价格 Y	XY	X²	趋势值 a+bX
2011	1	−4	7640	−30560	16	7487. 02
2012	2	−3	8123	−24369	9	8099. 82
2013	3	−2	9208	−18416	4	8712. 62
2014	4	−1	9186	−9186	1	9325. 42
2015	5	0	9212	0	0	9938. 22
2016	6	1	9987	9987	1	10551. 02
2017	7	2	11396	22792	4	11163. 82
2018	8	3	12248	36744	9	11776. 62
2019	9	4	12444	49776	16	12389. 42
合计		0	89444	36768	60	

【解】令 $\sum X=0$。已知 $N=9$，设中间项为 0，中间项之前的项分别设为−1、−2、−3、−4，中间项之后的项分别设为 1、2、3、4。计算 $\sum X^2$、$\sum Y$、$\sum XY$ 的值如表 8-1 所示。a、b 的值如下：

$$a = \frac{\sum Y}{N} = \frac{89444}{9} = 9938.22$$

$$b = \frac{\sum XY}{\sum X^2} = \frac{36768}{60} = 612.8$$

因此，描述南昌不动产价格变动的长期趋势线的具体方程为

$$Y = 9938.22 + 612.8X$$

根据这个方程评估 2020 年南昌不动产的价格为

$$Y_{2020} = 9938.22 + 612.8 \times 5 = 13002.22 \ 元/平方米。$$

2. 平均增减量法

如果不动产价格时间序列的逐期增减量大致相同，也可以用最简便的平均增减量法进行预测。平均增减量是用来说明某种现象在一定时期内平均每期增长数量的。它可以将各个逐期增减量相加后除以逐期增减量的个数来求得，即采用简单算术平均数可以求得。

计算公式如下：

$$V_i = P_0 + id, \quad d = \frac{P_n - P_0}{n}$$

其中,V_i 为第 i 期不动产价格的趋势值;i 为时期序数,i = 1,2,…,n;P_0 为基期不动产价格的实际值;d 为逐期增减量的平均数;P_i 为第 i 期不动产价格的实际值。

【例8.2】需要预测南昌青山湖区不动产在 2020 年的价格,已知该类不动产 2015~2019 年 5 年的历史价格资料,按时间顺序排列,并计算其逐年上涨额,如表 8-2 所示。

表 8-2　南昌青山湖区不动产 2015~2019 年价格资料　　　　元/平方米

年份	序号	不动产价格实际值	逐年变化量	不动产价格趋势值
2015	0	8392	—	—
2016	1	9779	1387	9780
2017	2	11377	1598	11168
2018	3	12753	1376	12556
2019	4	13944	1191	13944
2020	5	—	—	15332

【解】从表 8-2 中第四列可知该类不动产在 2015~2019 年价格的逐年上涨额大致相同。因此可以计算其逐年上涨额的平均数,并用该逐年上涨额的平均数推算各年价格的趋势值。

该类不动产价格逐年上涨额的平均值为

$$d = \frac{1387+1598+1376+1191}{4} = 1388$$

该地不动产每年价格趋势值:

$$V_1 = 8392+1388 \times 1 = 9780 \text{ 元/平方米。}$$
$$V_2 = 8392+1388 \times 2 = 11168 \text{ 元/平方米。}$$
$$V_3 = 8392+1388 \times 3 = 12556 \text{ 元/平方米。}$$
$$V_4 = 8392+1388 \times 4 = 13944 \text{ 元/平方米。}$$

预测该地不动产 2020 年的价格:

$$V_5 = 8392+1388 \times 5 = 15332 \text{ 元/平方米。}$$

3. 平均发展速度法

平均发展速度反映现象逐期发展速度的平均程度,是各个时期环比发展速度的几何平均数,说明社会经济现象在较长时期内速度变化的平均程度。目前计算平均发展速度通常采用几何平均法。采用这一方法的原理是,一定时期内现象发展的总速度等于各期环比发展速度连乘的乘积。根据平均数的计算原理,应当按连乘法,即几何平均数公式计算各指标值的平均数。

如果不动产价格时间序列的逐期发展速度大致相同,就可以计算其逐期发展速度的平均数,即平均发展速度,据此推算各期的趋势值。计算公式如下:

$$V_i = P_0 \times t_i, t = \sqrt[n]{\frac{P_n}{P_0}}$$

其中,V_i 为第 i 期不动产价格的趋势值;i 为时期序数,$i = 1, 2, \cdots, n$;P_0 为基期不动产价格的实际值;P_i 为第 i 期不动产价格的实际值;t 为平均发展速度。

【例 8.3】需要预测赣州市不动产在 2020 年的价格,已知该地不动产 2015~2019 年的价格及其逐年上涨速度如表 8-3 所示。

表 8-3 赣州市不动产 2015~2019 年的价格 单位:元/平方米

年份	不动产价格实际值	逐年上涨速度	不动产价格趋势值
2015	6221	—	—
2016	6924	111.3%	6905.31
2017	7826	113.0%	7664.89
2018	8630	110.3%	8508.03
2019	9486	110.0%	9443.92

【解】计算不动产逐年上涨速度:

$$6924 \div 6221 = 111.3\%$$
$$7826 \div 6924 = 113.0\%$$
$$8630 \div 7826 = 110.3\%$$
$$9486 \div 8630 = 110.0\%$$

由此可知该类不动产 2015~2019 年价格的逐年上涨速度大致相同,据此可以计算 4 年的平均发展速度,并用平均发展速度推算出各年的趋势值。

本例不动产价格的平均发展速度(保留小数点后面 2 位数)为

$$t = \sqrt[4]{\frac{9486}{6221}} = 1.11$$

即平均每年上涨数为 11%。

推算出各年的趋势如下:

$$V_1 = 6221 \times 1.11^1 = 6905.31 \text{ 元/平方米。}$$

$$V_2 = 6221 \times 1.11^2 = 7664.89 \text{ 元/平方米。}$$

$$V_3 = 6221 \times 1.11^3 = 8508.03 \text{ 元/平方米。}$$

$$V_4 = 6221 \times 1.11^4 = 9443.92 \text{ 元/平方米。}$$

据此预测该宗不动产 2020 年的价格为

$$V_5 = 6221 \times 1.11^5 = 10482.75 \text{ 元/平方米。}$$

运用平均发展速度法进行估价的条件是,不动产价格的变动过程是持续上升或下降的,且各期上升或下降的幅度大致接近,否则,就不适宜采用这种方法。

4. 移动平均法

移动平均法的基本原理是,通过移动平均消除时间序列中的不规则变动和其他变动,从而揭示出时间序列的长期趋势。移动平均法适用于即期预测。当不动产价格既不快速增长也不快速下降,且不存在季节性因素时,移动平均法能有效地消除预测中的随机波动,是非常有用的。在实际运用中,移动平均法根据预测时使用的各元素的权重不同,可以分为简单移动平均法和加权移动平均法。

(1)简单移动平均法。简单移动平均法是将 n 个时期的实际价格的简单算术平均值作为该 n 个时期的中间时期的评估价格趋势值,依次推进,然后根据这样形成的一系列评估价格趋势值的变动规律来评估该类不动产未来的价格的方法。在计算移动平均数时,每次应采用几个月来计算,需要根据时间序列的序数和变动周期来决定。如果序数多,变动周期长,则可以采用每 6 个月甚至每 12 个月来计算;反之,可以采用每 2 个月或每 5 个月来计算。运用简单移动平均法进行估价的条件是,不动产价格的变动过程是持续上升或下降的,且各期上升或下降的幅度大致接近;否则,应采用加权移动平均法。

【例8.4】某地某类不动产 2009 年各月的价格如表 8-4 所示,试运用移动平均法预测该不动产 2010 年 1 月和 2 月的价格。

【解】对本例中不动产 2009 年各月的价格,采用每 5 个月的实际值计算其移动平均数,见表 8-4 中的第 2 列。

把 1~5 月的价格加起来除以 5:

$$V_1 = \frac{5670+5680+5690+5680+5700}{5} = 5684 \text{ 元/平方米。}$$

表 8-4 某地某类不动产 2009 年各月的价格 　　　　　　　　　　　　　　　　　　　　　　　　　　　元/平方米

月份	不动产价格实际值	每 5 个月的移动平均数	移动平均数的逐月上涨额
1	5670	—	—
2	5680	—	—
3	5690	5684	—
4	5680	5694	10
5	5700	5704	10
6	5720	5714	12
7	5730	5726	12
8	5740	5738	12
9	5740	5750	12
10	5760	5762	12
11	5780	—	—
12	5790	—	—

把 2~6 月的价格加起来除以 5：

$$V_2 = \frac{5680+5690+5680+5700+5720}{5} = 5694 \ 元/平方米。$$

把 3~7 月的价格加起来除以 5：

$$V_3 = \frac{5690+5680+5700+5720+5730}{5} = 5704 \ 元/平方米。$$

把 4~8 月的价格加起来除以 5：

$$V_4 = \frac{5680+5700+5720+5730+5740}{5} = 5714 \ 元/平方米。$$

把 5~9 月的价格加起来除以 5：

$$V_5 = \frac{5700+5720+5730+5740+5740}{5} = 5726 \ 元/平方米。$$

把 6~10 月的价格加起来除以 5：

$$V_6 = \frac{5720+5730+5740+5740+5760}{5} = 5738 \ 元/平方米。$$

把 7~11 月的价格加起来除以 5：

$$V_7 = \frac{5730+5740+5740+5760+5780}{5} = 5750 \ 元/平方米。$$

把 8~12 月的价格加起来除以 5：

$$V_8 = \frac{5740+5740+5760+5780+5790}{5} = 5762 \text{ 元／平方米。}$$

再根据每 5 个月的移动平均数计算其逐月的上涨额,见表 8-4 中的第 3 列。

需要预测该类不动产 2010 年 1 月的价格,计算过程如下：

因为最后一个移动平均数为 5762 元／平方米。与 2010 年 1 月相差 3 个月,所以预测该类不动产 2010 年 1 月和 2 月的价格分别为

$$V_{2010(1)} = 5762+12\times3 = 6798 \text{ 元／平方米。}$$
$$V_{2010(2)} = 5762+12\times4 = 5810 \text{ 元／平方米。}$$

（2）加权移动平均法。加权移动平均法是在计算移动平均数时,根据越是近期的数据对预测值影响越大这一特点,对近期的数据给予较大的权重,对时间较远的数据给予较小的权重,将估价时点前每若干时期的不动产价格的实际值经过加权之后,再采用类似简单移动平均法的方法进行趋势估计。加权移动平均法依据各期的重要性给予不同的权数,用以计算每 n 个时期的移动平均数。权数的选取通常需要根据不动产价格的变动过程和趋势以及估价人员的经验来判断确定。当我们要预测某一时期的数值时,通常根据最近一期的影响最大,而前几期的影响较小的原则,因此近期的权数要大一些,前几期的权数要依次小一些。

5. 指数修匀法

指数修匀法又叫指数平滑法,它是以本期的实际值和本期的预测值为依据,经过修匀之后得出下一时期预测值的一种预测方法。指数修匀法实际是一种权数特殊的加权移动平均数预测法。

指数修匀法是预测中常用的一种方法,所有预测方法中,一次指数修匀法是用得最多的一种。移动平均法不考虑较远期的数据,并在加权移动平均法中给予近期资料更大的权重;而指数修匀法中任一期的指数平滑值都是本期实际观察值与前一期指数平滑值的加权平均。当然,指数修匀法也存在一些局限性,这种方法赋予较远时期的价格以较小的比重,赋予近期的价格以较大的比重,所以只能进行较短时期的预测。另外,这种方法的运用需要收集比较完备的历史价格资料,如果缺少某些特定的历史价格资料,则不适合采取指数修匀法预测不动产未来某个时点的价格。

计算公式如下：

$$V_{i+1} = V_i+a(P_i-V_i) = aP_i+(1-a)V_i$$

其中,V_{i+1} 为第 i+1 期的预测值;V_i 为第 i 期的预测值;P_i 为第 i 期的实际值;a

为修匀常数,$0 \leq a \leq 1$。

在实际计算中,用指数修匀法进行预测的关键在于确定 a 的数值,一般认为 a 的数值可以通过试算来确定。对同一个预测对象用不同值进行试算,计算预测值与实际值的绝对误差。指数修匀法宜采用绝对误差尽量小的修匀常数。

【例8.5】某类不动产2006年的实际价格为2000元/平方米,采用其他方法预测2006年的价格为2200元/平方米。假定经过测试 $a = 0.4$ 为最合适。试采用指数修匀法预测2007年该类不动产的价格。

【解】根据题意可知:$V_{2006} = 2000$ 元/平方米 ,$P_{2006} = 2200$ 元/平方米,$a = 0.4$,

将这些数据代入指数修匀法的公式:$V_{2007} = 0.4 \times 2200 + (1 - 0.4) \times 2000 = 2120.00$ 元/平方米。

📖 本章小结

不动产估价的长期趋势法是指依据不动产价格的历史资料和数据将其按时间顺序排成时间序列,运用时间序列分析和回归分析等方法,预测不动产价格的变化趋势,从而进行类推或者延伸,对不动产价格做出推断的一种估价方法。该方法需要借助历史统计资料和现实调查资料总结不动产价格长期发展规律,假定其过去形成的长期趋势在未来继续存在。当预测对象随时间变化呈现某种上升或下降趋势,没有明显的季节波动,且能找到一个合适的函数曲线反映这种变化趋势时,不动产估价人员常常采用长期趋势法对待估对象不动产进行价格预测。

长期趋势法的优点包括:估价成本低、评估程序简单、估价结果主观性较小;其缺点包括:不动产估价结果不能单独使用、不动产估价结果忽略了各种短期波动性、未考虑价格变动的因果关系、对于数据的要求较高。

长期趋势法一般分为四个步骤:收集待估不动产价格的历史资料和数据、整理分析收集到的数据资料;分析整理的原则是可比性,并将其化为同一标准;生产时间序列、估计出趋势模型;根据选取的模式去推测估价对象在预测期内某个特定时点的价格。

长期趋势法评估的具体方法有数学曲线拟合法、平均增减量法、平均发展速度法、移动平均法、指数修匀法。

章后习题

一、单项选择题

1. 某地区商品住宅每平方米的价格 2014～2019 年分别为 3100 元、3260 元、3400 元、3620 元、3800 元、3980 元,采用平均发展速度法预测 2020 年该地区商品住宅价格为( )元/平方米。

   A. 4120　　　　　 B. 4149　　　　　 C. 4148　　　　　 D. 4216

2. 某地区商品住宅价格 2011～2015 年分别为 681 元/平方米、712 元/平方米、744 元/平方米、781 元/平方米、815 元/平方米,采用平均增减量法预测该地区商品住宅 2016 年的价格为( )元/平方米。

   A. 849　　　　　　 B. 865　　　　　 C. 882　　　　　 D. 915

3. 在运用长期趋势法测算不动产未来价格时,若不动产价格的变动过程是持续上升或者下降的,并且各期上升或下降的幅度比率大致接近,则应该使用( )方法进行测算比较合适。

   A. 平均增减量法　　　　　　　 B. 平均发展速度法

   C. 移动平均法　　　　　　　　 D. 数学曲线拟合法

4. 关于长期趋势法适用的对象,下列最佳表述为( )。

   A. 从短期内难以看出不动产价格变动规律和趋势,但从长期来看可以显现出一定的变动规律和发展趋势的不动产

   B. 从短期和长期内都难以看出不动产价格变动规律和趋势,但从长期来看可以找出一定的时间序列数据,利用这些数据可以推知未来价格变动的不动产

   C. 目前没有开发,但未来将会进行开发的不动产,由于目前无类似价格可以比较,但根据未来发展趋势一定能找到类似比较案例的不动产

   D. 通常从短期内难以看出不动产价格变动规律和趋势,但从长期看,不动产价格会显现出一定的变动规律和发展趋势,长期趋势法适用于价格无明显季节波动的不动产

5. 用直线趋势法预测甲类不动产的价格变化趋势为 $Y_甲 = 1480 + 80X$,乙类不动产价格变化趋势为 $Y_乙 = 1500 + 60X$,则这两类不动产的价格增长趋势相比( )。

   A. 甲类不动产比乙类不动产强

   B. 乙类不动产比甲类不动产强

   C. 甲乙两类不动产强弱程度相同

   D. 甲乙两类不动产强弱程度不可比

6. ( )方法是对原有价格按照时间序列进行修匀,采用逐项递移的方法分别计算

一系列移动的时序价格平均数,形成一个新的派生平均价格的时间序列,借以消除价格短期波动的影响,显现出价格变动的基本发展趋势。

　　A. 指数修匀法　　　　　　　　　　　　B. 移动平均法

　　C. 平均发展速度法　　　　　　　　　　D. 数学曲线拟合法

7. 在不动产估价中,应用长期趋势法的一个重要假设前提是(　　)。

　　A. 过去形成的不动产价格变动趋势在未来仍然存在

　　B. 市场上能找到充分的不动产历史价格资料

　　C. 不动产市场在过去无明显的季节波动

　　D. 政府关于不动产市场调控的有关政策不会影响不动产的历史价格

8. 市场法中交易日期调整的方法之一是环比价格指数法,这种方法与(　　)的数学原理相同。

　　A. 直线趋势法　　　　　　　　　　　　B. 平均增减量法

　　C. 移动平均法　　　　　　　　　　　　D. 平均发展速度法

9. 某地区某类不动产 2010~2016 年的价格如表 8-5 所示。根据直线趋势法,预测该地区该类型不动产 2017 年的价格为(　　)元/平方米。

　　A. 3300　　　　　　B. 3157　　　　　　C. 3357　　　　　　D. 3156

表 8-5　某类不动产 2010~2016 年的价格　　　　　单位:元/平方米

年份	2010	2011	2012	2013	2014	2015	2016
不动产价格	1800	2000	2100	2300	2500	2800	3000

10. 某城市某类不动产的当期实际价格水平为 3600 元/平方米,预测值为 3630 元/平方米,修匀常数为 0.65,则下一期不动产的预测值为(　　)元/平方米。

　　A. 3610.5　　　　　　B. 3619.5　　　　　　C. 3711.5　　　　　　D. 3719.5

二、多项选择题

1. 长期趋势法包括(　　)方法。

　　A. 数学曲线拟合法　　　　B. 平均增减量法　　　　C. 平均发展速度法

　　D. 移动平均法　　　　　　E. 指数修匀法

2. 下列关于长期趋势法的描述正确的有(　　)。

　　A. 长期趋势法是根据不动产价格在过去长期内形成的规律做出判断

　　B. 长期趋势法是借助历史统计资料和现实调查资料来推测未来,通过对这些资料的统计、分析得出一定的变动规律,并假设其过去形成的趋势在未来继续存在

C. 长期趋势法适用的对象是价格无明显季节波动的不动产

D. 长期趋势法的适用条件是拥有估价对象或类似不动产的较长时期的历史价格资料,而且所拥有的历史资料要真实

E. 长期趋势法不能消除不动产价格的短期波动

3. 关于长期趋势法的功用,下列说法正确的有( )。

A. 长期趋势法可以用于推测、判断不动产的未来价格

B. 长期趋势法可以用于预测收益法中未来的租金、空置率等

C. 长期趋势法可以用在市场法中对可比实例的成交价格进行不动产状况调整

D. 长期趋势法可以用于比较、分析两宗或两类以上的不动产价格的发展趋势或潜力

E. 长期趋势法可以用于填补某些不动产历史价格资料的缺乏

4. 运用长期趋势法估价的一般步骤有( )。

A. 收集估价对象或类似不动产的历史价格资料,并进行检查、鉴别

B. 整理收集到的历史价格资料,画出时间序列图

C. 观察、分析时间序列,得出一定的模式

D. 以此模式去推测、判断估价对象在估价时点的价格

E. 对未来的价格进行分析和预测

5. 某类不动产 2007~2011 年的价格如表 8-6 所示,关于平均增减量法适用条件及其价格趋势值的说法,正确的有( )。

表 8-6　某类不动产 2007~2011 年的价格　　　　单位:元/平方米

年份	2007	2008	2009	2010	2011
价格	5734	6105	6489	6870	7254

A. 不动产价格的变动过程应是持续上升或持续下降的

B. 各期不动产价格上升或下降的数额应该大致相同

C. 2010 年的价格趋势值是 6900 元/平方米

D. 2011 年的价格趋势值是 7253 元/平方米

E. 2012 年的价格趋势值是 7634 元/平方米

6. 下列说法,正确的有( )。

A. 长期趋势法一般不适用对估价对象当前价格水平的测算或估价

B. 对价格存在明显季节波动的估价对象适宜采用移动平均法消除季节波动影响

C. 数学曲线拟合方程 $Y=a+bX$ 参数通常采用最小二乘法确定

D. 选择具体预测方法的主要依据是估价对象或类似不动产历史价格的变动规律

E. 可以用来比较两类不动产的价格发展潜力

7. 关于移动平均法的说法正确的有(　　)。

A. 是对原有价格按照时间序列进行修匀

B. 采用逐项递移方法分别计算一系列移动的序时价格平均数

C. 形成一个新的派生平均价格的时间序列,借以消除价格短期波动的影响,显现出价格变动的基本发展趋势

D. 一般是按照不动产价格变化的周期长度进行移动平均

E. 主要分为简单移动平均法和加权移动平均法

8. 长期趋势法可以消除不动产价格变动的(　　)等不规则变动。

A. 短期上下波动　　　　B. 逐期上下波动　　　　C. 长期上下波动

D. 意外变动　　　　　　E. 系列变动

9. 在以下不动产估价方法中,可以归为长期趋势法的有(　　)。

A. 数学曲线拟合法　　　B. 平均增减量法　　　　C. 移动平均法

D. 路线价法　　　　　　E. 指数修匀法

10. 能够运用平均增减法进行估价的条件是(　　)。

A. 只要有历史价格资料,就可适用这种方法

B. 历史价格持续上升,且上升的数额大致相等

C. 历史价格持续下降,且下降的数额大致相等

D. 历史价格时起时伏,且上升或下降的数额的绝对值相等

E. 历史价格逐期增减量大致相同

三、判断题

1. 长期趋势法主要用于对不动产未来价格的推测、判断,如用在假设开发法中预测开发完成后的不动产。(　　)

2. 如果不动产价格时间序列的逐期增减量大致相同,应运用平均发展速度法来推断趋势值。(　　)

3. 不动产价格上涨(或下降)趋势的强弱,与不动产价格目前的高低无关,价格较低的不动产的价格上涨趋势可能更强劲,而目前价格较高的不动产的价格上涨趋势可能更缓慢。(　　)

4. 长期趋势法的适用对象是价格有明显季节波动的不动产,适用的条件是拥有估价对象或类似不动产较长时期的历史价格资料,而且所拥有的历史价格资料必

须真实。( )

5. 运用平均发展速度法进行估价的条件是,不动产价值的变动过程是持续上升或下降的,且各期上升或下降的幅度大致接近,否则就不适宜采用这种方法。( )

6. 移动平均法是对原有价格按照时间序列进行修匀,即采用逐项递移方法分别计算一系列移动的时序价格平均数,形成一个新的派生平均价格的时间序列,借以消除价格短期波动的影响,显现出价格变动的基本发展趋势。( )

7. 用指数修匀法进行预测的关键在于确定修匀常数 a 的数值,一般认为 a 的数值可以通过试算来确定。例如,对同一个预测对象用 0.3、0.5、0.7、0.9 进行试算,用哪个常数 a 修正的预测值与实际值的绝对误差最大,就以这个常数来修正最合适。( )

8. 在平均增减量法中,由于越接近估价时点的增减量对估价更为重要,因此,如果能用不同的权数对过去各期的增减量予以加权后再计算其平均增减量,则更能使评估价值接近或符合实际。( )

9. 加权移动平均法是将估价时点前每若干时期的不动产价格的实际值采用类似简单加权移动平均法的方法进行趋势估计,再经过加权之后求出趋势值。( )

四、名词解释

1. 长期趋势
2. 长期趋势法
3. 平均增减量法
4. 移动平均法
5. 指数修匀法

五、简答题

1. 长期趋势法的理论依据是什么?
2. 长期趋势法的操作步骤有哪些?
3. 简述长期趋势法的几种具体方法。
4. 长期趋势法的作用有哪些?
5. 简述移动平均法的原理。

六、计算题

1. 通过市场调研,获得某类不动产 2005~2011 年的历史价格资料如表 8-7 所示。
   根据平均发展速度法进行估价,预测该地区该类不动产 2012 年的价格。

表 8-7   某类不动产 2005~2011 年的价格   单位:元/平方米

年份	2005	2006	2007	2008	2009	2010	2011
不动产价格	1800	2000	2100	2300	2500	2800	3000

2. 某地区某类不动产 2010~2018 年的价格如表 8-8 所示,填写表 8-8 的空格并运用数学曲线拟合法预测该地区该类不动产 2019 年及 2020 年的价格。

表 8-8   某地某类不动产 2010~2018 年的价格

年份	不动产价格 Y(元/平方米)	X	XY	X^2	趋势值(a+bX)
2010	2200	−4	−8800		
2011	2400	−3			2367.22
2012	2700	−2		4	
2013	3000	−1			
2014	3400	0	0		3522.22
2015	3800	1		1	
2016	4200	2	8400		
2017	4700	3			4677.22
2018	5300	4		16	
总计		0			

3. 某公司需要预测 2020 年南昌市某类不动产价格,通过收集整理得到该类不动产 2015~2019 年的价格分别为 6000 元/平方米、6300 元/平方米、6678 元/平方米、7212 元/平方米、7645 元/平方米。试采用平均增减量法预测该类不动产 2020 年的价格。

4. 某地某类不动产 2008~2012 年价格资料如表 8-9 所示,假设修匀指数 a=0.4,试用指数修匀法预测该类不动产 2013 年的价格。

表 8-9   某地某类不动产 2008~2012 年的价格资料

单位:元/平方米

年份	2008	2009	2010	2011	2012
不动产价格	2000	2400	2380	2500	2600

5. 需要预测某地某类不动产 2018 年、2019 年的价格,通过市场调研,获得该类不动产 2013~2017 年价格,如表 8-10 所示。请运用平均发展速度法预测该类不动产 2018 年和 2019 年的价格。

表 8-10　某地某类不动产 2013~2017 年的价格资料

单位:元/平方米

年份	2013	2014	2015	2016	2017
不动产价格	5600	6750	8200	9850	12000

不动产批量评估的传统方法

假设开发法的含义、假设开发法的理论依据和适用对象、假设开发法估价的操作步骤、假设开发法的基本公式、现金流量折现法定义和优缺点

第一节　不动产批量评估概述

一、不动产批量评估的含义和特点

1. 不动产批量评估的含义

1983 年,国际估价官协会(International Association of Assessing Officers,IAAO)颁布了关于三种基本价值评估方法在批量评估中的应用准则。IAAO 于 2002 年制定的《批量评估准则》,对批量评估作了如下定义:批量评估是指利用共同的数据、标准化的方法和统计检验技术评估一组财产确定日期价值的过程。《国际评估准则 2007》(2007 International Valuation Standards,IVS)中对批量评估的解释是,在特定的评估基准日,应用系统的、统一的、考虑到统计检验和结果分析的评估方法和技术,对多个财产进行成批评估的活动。

批量评估是指在计算机信息技术的辅助下,使用标准的方法和共同的数据,对大批量的不动产进行系统的、统一的评估,并对结果进行统计检验的方法。单宗评估是指在每次评估中只对单个不动产进行评估的方法。单宗评估主要采取市场比较法、成本估价法和收益还原法。批量评估是在单宗评估理论的基础上,结合计算机、GIS 等技术,建立数量统计模型对大量应税不动产进行一次性评税的方法。

从价值评估原理来看,批量评估是运用价值评估基本方法,依据财产特征或跟踪财产价值随时间变化的趋势,结合多元回归分析等数理统计方法、计算机技术和

地理信息系统等评估技术方法系统,在一次评估中对多个不动产(财产)的价值进行评估。批量评估根据所评估群体资产的特征,选择适应成本法、销售比较法和收益法作为模型设定层次,再根据所选择的模型和所能获得的数据,选择相应的数理计算方法以获得模型设定系数。

批量评估方法在很大程度上降低了评估成本,提高了评估效率。同时,它在同一评税区内采用相同的特征指标和评估方法,避免了单宗评估的特殊性,使评估过程更加公平透明。批量评估的结果具有持久性,可以在一段时间内为税收征收管理工作提供更为可信的基础。《中华人民共和国国家标准房地产估价规范》(GB/T50291—2015)第5.1.13条规定,重新评估大量相似的抵押房地产在同一价值时点的市场价格或市场价值、抵押价值、抵押净值,可采用批量估价的方法。

2. 不动产批量评估的特点

(1)在限定的时间内,对一批不相同的资产创建模型,模型用于将来的单笔资产的评估。

(2)拥有统一的评估准则,用以保证评估结果具有基本的公正性。在模型建立后要素和系数必须通过查验,以保证其可以用于之后资产的交易。

(3)强调数据的客观准确性,批量评估模型是以数据为基础的,数据的准确性关乎模型的可用性。

(4)评估方法需要通过计算机的统计检验,并且评估的结果也需要通过计算机的统计检验,需要配合软件(SAS、Stata、Eviews、SPSS等)进行多元线性回归分析,这可以有效保证模型的科学性。

二、不动产批量评估方法的发展

批量评估的方法是采用现代统计技术、数理技术等多种技术,并融入传统评估方法原理的一种新的评估技术。批量评估方法兴起于20世纪70年代,并逐步成为具有很大影响力的新型评估模式。

早期,批量评估的理论与实践主要集中在特征价格模型,使用多元线性回归计量方法。批量评估中,基于多元回归的方法称为传统方法。由于其局限性,特征价格模型曾经用来定义价格与财产特征之间的经济关系,特别是针对住宅物业。后来的理论和实践证明,基于多元回归的特征价格模型并不能包括价格形成过程中的所有必要信息,因此有必要探求新的价值模型工具。另外,有些市场没有可获得的数据,或者即使有,也没有形成数据仓库,在这种情况下,其他的自动评估模型(Automated Valuation Models, AVMs)便发挥了作用。尽管多元回归技术存在问题,但当前它仍然是批量评估中最为重要的理论框架与方法。

在最近的几十年中,其他批量评估方法得到了广泛的应用,如神经网络技术、时间趋势分析、支持向量机、随机森林、多元回归分析和回馈技术。相对于多元回归,这些方法被称为非传统方法,如人工神经网络技术和模糊逻辑技术等被引入财产价格的计算,这既增加了模型的灵活性,又不乏数学上的严谨性,比基于回归方法的价值模型的性能更强大。

国内学者早期主要使用特征价格模型分析某个地区的不动产价格情况。例如,温海珍(2004)对杭州市住宅市场的研究,王旭育(2006)对上海市住宅特征价格模型的研究,孙礼圣等(2018)对银川市商品住宅价格的研究,周丽丽(2016)对太原市普通住宅价格的研究,等等。特别是,王波等(2013)以长沙市为例,研究多元回归批量估价的技术与实现路径,通过把影响房屋价格的因素进行分类处理,建立起了整个城市房屋批量评估的全覆盖多元回归模型,并依据这个方法和技术路线成功地开发了相应的软件系统。

此外,有研究者在传统的特征价格模型上引入粗糙集方法、灰色系统理论、模糊数学理论、GIS 空间特征等,利用属性重要度构建模型变量的评价指标,以提高批量评估模型在房产税基评估中的易用性和准确度。

第二节　不动产批量评估的程序

一、USPAP 规定的基本程序

为制定资产评估行业统一的专业准则,提高评估质量,维护资产评估行业信誉,1986 年美国八个评估专业协会和加拿大评估协会联合制定了《专业评估执业统一准则》,之后由新成立的美国评估促进会取得了该准则的版权,负责《专业评估执业统一准则》的修订、出版工作。美国《专业评估执业统一准则》(2010~2011年)规定了批量评估需要遵循七个基本程序:

(1)明确评估对象;

(2)确定适于所评估财产稳定交易运转的市场区域;

(3)确定影响市场价值形成的特征;

(4)建立能够反映影响特征间关系的模型;

(5)校准模型,确定各影响特征的影响程度;

（6）将模型结论应用于被评估对象的特征中；

（7）检验批量评估结果。

二、IVS 规定的基本程序

国际评估准则委员会（International Valuation Standards Council，IVSC）是一个独立的估值机构，为全球的投资者和其他第三方的利益相关者提供标准——《国际评估准则》（IVS），覆盖范围包括不动产、企业、无形资产、机械设备以及定期更新和扩展的资产。在过去十年中，采纳和认可 IVS 的估价机构很多，包括一些用户组及世界各地的金融监管机构。IVS 的颁布促进了世界各地估价行业的发展和合作，并加强了与金融市场监管标准有关组织的合作。IVSC 修订的《国际评估准则2007》中明确指出，批量评估程序包括：①明确需要评估的财产；②根据财产所有者和潜在购买者的交易惯例，界定财产所处市场区域；③明确在特定市场区域内影响价值形成的供需特征；④建立能够反映影响市场区域内财产价值的相关因素之间关系的模型；⑤校正模型结构，在其他各种属性中，明确单项财产诸多特征对财产价值的影响；⑥将模型中得出的各项结论应用到被评估财产的各项特征中；⑦在持续评估的过程中或将过程分阶段执行时，验证所采用的批量评估程序、模型、衡量尺度或其他资料，包括工作指标等；⑧对批量评估结论进行复核和调整。

三、我国不动产批量估价方法相关规定

我国《房地产估价规范》规定，运用多元回归分析法进行房地产估价的步骤如下：

第一步，确定估价范围。估价范围包括估价的区域范围和房地产种类。估价的区域范围是指需要对哪个地区范围内的房地产进行估价，例如是某个城市的全部行政区，还是其规划区、建成区、某个或某几个辖区内的房地产。估价的房地产种类是指需要对哪些类别的房地产进行估价，例如是住宅，还是办公楼、商铺、酒店、厂房等。

第二步，对估价范围内的所有被估价的房地产进行分组。不动产分组的目的是使同一组内的房地产具有相似性。进行房地产分组，通常是将估价范围内的所有被估价房地产，先按用途划分，如分为居住、办公、商业、酒店、工业等用途的房地产；再按类型划分，如将住宅分为高层住宅、多层住宅、低层住宅等，将商业房地产分为大型商场、小型店铺等；然后按区位划分，如按自然小区划分。

第三步，在同组内把房地产价值或价格作为因变量，把影响房地产价值或价格

的若干因素作为自变量,设定多元回归模型。

第四步,估计多元回归模型系数,收集大量房地产成交价格及其影响因素数据,经过试算优化和分析检验,报告模型的统计量值与显著性,直到得到多元回归模型系数显著的最终模型。

第五步,利用该模型计算出各宗被估价房地产的价值或价格。

第三节　不动产批量评估方法

不动产批量评估方法包括多元回归分析、特征价格法、粗糙集和 GIS 等,这里着重介绍多元回归。

一、不动产批量评估的多元回归分析概述

多元回归分析是目前在国外批量评估中占主流地位的技术,包括线性回归分析和非线性回归分析。其基本原理是,在大量样本的基础上,通过对变量、误差的假定,依靠最小二乘法来拟合因变量与自变量的关系,从而建立数学模型。多元回归模型一般采用不动产的特征价格模型。

线性回归模型是通过特征效用函数推导出来的。根据特征效用函数理论,消费者在追求效用极大化的过程中,每增加一单位属性的消费所愿意额外支付的费用,即为该属性的边际愿付价格,亦即特征价格。每种特征都有其个别价格,当个别的特征价格加总时即可得到该不动产的总价。在特征价格方程式的运用上,产品的各项特征乘以相对应的隐含价格后加总,即为该产品的价格。

根据特征价格理论模型,多元回归计量模型通常包括一般线性型(Linear)、半对数型(Semi-log)、逆半对数型(Inversesemi-log)及双边对数型(Log-linear)四种函数类型。在批量评估的实践中,要根据估价对象的特征和数据可获得性进行分析比较,选出最适特征价格的多元回归模型进行估价。

(1)一般线性型。

$$P_i = \alpha_0 + \sum_{m=1}^{M} \alpha_{1m} A_{im} + \sum_{n=1}^{N} \alpha_{2n} B_{in} + \sum_{p=1}^{P} \alpha_{3p} C_{ip} + \sum_{q=1}^{Q} \alpha_{4q} D_{iq} + \varepsilon_i$$

(2)半对数型。

$$\ln P_i = \alpha_0 + \sum_{m=1}^{M} \alpha_{1m} A_{im} + \sum_{n=1}^{N} \alpha_{2n} B_{in} + \sum_{p=1}^{P} \alpha_{3p} C_{ip} + \sum_{q=1}^{Q} \alpha_{4q} D_{iq} + \varepsilon_i$$

(3)逆半对数型。

$$P_i = \alpha_0 + \sum_{m=1}^{M} \alpha_{1m} \ln A_{im} + \sum_{n=1}^{N} \alpha_{2n} \ln B_{in} + \sum_{p=1}^{P} \alpha_{3p} \ln C_{ip} + \sum_{q=1}^{Q} \alpha_{4q} \ln D_{iq} + \varepsilon_i$$

（4）双边对数型。

$$\ln P_i = \alpha_0 + \sum_{m=1}^{M} \alpha_{1m} \ln A_{im} + \sum_{n=1}^{N} \alpha_{2n} \ln B_{in} + \sum_{p=1}^{P} \alpha_{3p} \ln C_{ip} + \sum_{q=1}^{Q} \alpha_{4q} \ln D_{iq} + \varepsilon_i$$

在上述四类回归模型中，都是参数线性或系数线性，可以称为线性回归模型。P 是征税对象的评估价格，右边变量为四类影响因子：A 代表一般因素，B 代表区位特征，C 代表不动产个别特征，D 代表其他影响因素。每类影响因子又包括几个因素，如 A 类包括 M 个因素，B 类包括 N 个区域特征，C 类包括 P 个因素，D 类包括 Q 个因素。具体来说，A 类因素是影响房屋价格的具有一般规律的影响因素，如宏观环境、国家政策、商圈、土地级别等，这些因素经过分析并通过计量经济检验后，最终进入系统的内部多元回归方程。B 类因素是区位影响，如小区周边的交通、周边环境、生活基础设施等。C 类因素为不动产的个别特性影响因素，如楼层、楼栋、房间数、是否有电梯等。D 类因素是不动产价格其他影响因素。比如是否为凶宅、风水等。

这四类模型之间的唯一区别是它们各自回归系数的解释。回归模型系数解释如下：

第一，在一般线性模型中，每个特征的系数代表该特征的边际价格，即每增加一单位该特征，不动产价格将变动该系数表示的数量。

$$\alpha_{1m} = \frac{\partial P_i}{\partial A_{im}} = \frac{价格变化}{特征变化}$$

第二，在半对数模型中，每个特征的系数代表该特征对不动产价格对数的边际影响，即每增加一单位该特征，不动产价格的对数将变动该系数表示的数量，或者说，不动产价格将变动该系数数量的百分比。

$$\alpha_{1m} = \frac{\partial \ln P_i}{\partial A_{im}} = \frac{\partial P_i / P_i}{\partial A_{im}} = \frac{\% \Delta P_i}{\Delta A_{im}} = \frac{价格变化百分比}{特征变化}$$

每个特征对价格的边际影响是非线性的，因为 $\dfrac{\partial P_i}{\partial A_{im}} = \alpha_{1m} P_i$。

第三，在逆半对数型模型中，每个特征的系数代表该特征的对数对不动产价格的边际影响，即该特征每增加 1%，价格将改变该系数单位数量。

$$\alpha_{1m} = \frac{\partial P_i}{\partial \ln A_{im}} = \frac{\partial P_i}{\partial A_{im} / A\_{im}} = \frac{\Delta P_i}{\% \Delta A_{im}} = \frac{价格变化}{特征变化百分比}$$

每个特征对价格的边际影响也是非线性的，因为 $\dfrac{\partial P_i}{\partial A_{im}} = \dfrac{\alpha_{1m}}{A_{im}}$。

第四，在双边对数模型中，每个特征的系数代表该特征的价格弹性，即该特征数量每变动 1%，价格将变动该系数的百分比。

$$\alpha_{1m} = \frac{\partial \ln P_i}{\partial \ln A_{im}} = \frac{\partial P_i / P_i}{\partial A_{im} / A_{im}} = \frac{\% \Delta P_i}{\% \Delta A_{im}} = \frac{\text{价格变化百分比}}{\text{特征变化百分比}}$$

该特征对价格的边际影响也是非线性的，因为 $\frac{\partial P_i}{\partial A_{im}} = \alpha_{1m} \frac{P_i}{A_{im}}$。

多元回归模型的优势：①一旦建立好模型，模型估计操作简单，实施效率高。②模型本身具有很高的经济解释力，有利于决策者根据不同参数把握市场情况，进行相关调控（比如规划、需求刺激/抑制等）。③估计程序规范，可重复性强。

多元回归模型的劣势：①模型的拟合精度依赖于模型研究的基本单位，比如楼幢、小区、片区、行政区等。基本单位范围越小，模型的拟合精度也越高，反之越低。如果基本单位范围越小，比如以楼幢为基本单位，就意味着需要对每一幢楼建立一个回归模型，时间成本、人力成本等对样本的质量要求会比较高。如果基本单位范围越大，对于样本的参数要求就越高，调查成本也越高，比如以楼幢为基本单位，只需要调查楼层、朝向、面积等基本信息；以小区为基本单位，则需要调查小区景观、临街情况、建筑结构等；以行政区或者城市为基本单位，考虑则更多，包括楼盘档次、物业管理、重点学区、与城市中心之间的距离等。②模型需要不断更新。由于模型建立在各种因素的基础上，如果与城市中心之间的距离改变，或者城市的格局发生变化等，参数则需要进行修改。③该模型适合于交易活跃的城市。对于交易不活跃的城市，该方法的局限性很大。④多元回归模型通常难以解释不动产特征对其价格影响的因果关系。

二、评估模型的技术路线

1. 获不动产的基础数据

对计算机辅助批量估价而言，基础数据包括两个组成部分，即住房的内部、外部属性数据和可比实例的交易价格数据，这两个部分相互独立，通过房屋的唯一编码进行关联。住房属性的数据包括房屋所在的小区、楼幢、单元、楼层，房屋的建筑面积、使用面积、朝向、户型、楼龄以及楼幢的建筑形式等；外部属性数据包括商圈，土地级别，公交状况，离车站、学校、地铁的距离等。在样本方面，每个类别的房屋要有充分的样本数据，而且样本数据在全市的地理分布上越均匀越好。

2. 建立同化基础房屋交易库

进行交易修正、不动产状况调整，建立同比基础房屋交易库。特别是交易日期的修改。因为房屋价格在时间上体现差异，要进行时点系数的测算，以便进行房屋估价时修正到当前的价格。

3. 量化特征变量

根据构建的影响不动产价格的指标体系收集和量化数据。数据的量化方式因连续变量、离散变量与哑元变量等变量类型的不同而不同。连续变量一般直接采用变量的实际测量、计量数据或者通过简单变换得到的数值。如楼层对应房屋所在实际楼层的层数，物业管理费对应房屋每月每平方米的物业管理费。对于部分离散变量分等级赋值。这种量化方式主要用于有序分类变量的量化。有序变量是指取值的各类别之间有程度上的差异。变量先按等级顺序分组，分别进行相应赋值。如离地铁站的距离可以分等级赋值，分为 5 级。对于部分离散变量采取虚拟变量赋值 0 或 1。这种量化方式主要用于无序分类变量的量化，无序分类变量是指所分类别或属性之间无程度和顺序的差别。如是否有电梯可以采取哑元变量赋值，有电梯赋值 1，无电梯赋值 0。变量的量化形式不是唯一的，需要进行大量的数据模型试验来确定最合适的量化方法、组合。

4. 回归模型的建立与检验

在分析影响房屋价格单个因素的前提下，找出对房屋价格影响在统计上显著的因素，并对影响因素间的相关情况进行处理，之后进行多元回归分析，进行统计检验，只有通过了统计检验和计量经济检验的模型，才可以用作房屋价格评估模型。

一般来讲，计量经济学模型必须通过经济意义检验、统计学检验。经济意义检验，主要是根据模型中变量设计所变达到的条件进行检验。统计学检验包括拟合优度检验、方程的显著性检验和系数的显著性检验。①拟合优度检验。需通过模型的拟合优度检验，判断建立的模型与样本数据的拟合程度（要求拟合度指标 $R^2 > 0.5$）。②方程显著性检验。需通过回归系数的总体显著性检验，判断因素在总体上对因变量的影响程度（一般采用 F 检验，要求 P 值小于 0.05）。③系数显著性检验。需通过各个自变量回归系数的统计显著性检验，判断各自变量对因变量的影响程度（一般采用 t 检验，要求 P 值小于 0.05）。此外，应通过异方差性检验和多重共线性检验，判断统计检验的有效性。

第四节　我国不动产批量评估实践

在实践经验方面，从 2003 年起，国家税务总局与财政部先后批准了北京、江苏、深圳、重庆、辽宁(丹东、大连)、宁夏六个省(区市)作为试点先行单位,进行不动产模拟评税试点。2007 年,国家税务总局与财政部又增加了河南(焦作、濮阳)、安徽(芜湖、马鞍山)、福建和天津四省份的部分区域,开展不动产模拟评税试点。2008 年 6 月 11 日,国家税务总局颁布了《关于应用评税技术核定不动产交易计税价格的意见》(国税函〔2008〕309 号),正式决定先在北京、重庆、青岛、深圳、南京、杭州、丹东等城市开展应用评税技术核定计税价格工作。其中,浙江省杭州市、辽宁省的丹东市和沈阳市、江苏省扬州市、山西省太原市等地在存量房交易计税价格批量评估方面做出了有益探索和尝试。

一、浙江省杭州市的批量评估实践经验

杭州市 2008 年 4 月,杭州市财政局直属征收管理局研制开发的不动产交易计税价格核定系统正式投入运行使用。

杭州市在进行大规模批量评估时对数据信息库进行了整理,以征收部门的不动产交易纳税数据为基础,再结合房管局、规划局和地名办等部门采集的数据建立了统一的数据库。该系统还有自动更新的能力,系统会继续采集房屋的交易信息,包括房屋坐落、建筑面积、成交日期、成交价格等。除了政府部门的信息外,杭州政府还与当地的权威机构、大型中介公司联合,综合这些公司的相关数据,完善数据库系统。

杭州市住宅基准价评估采用的是特征价格模型。杭州市的批量评估选择的估价时点为 2007 年 6 月 30 日,以当时的房屋交易基准价格数据库为基础,按照动态调整要求,建立数学模型,然后利用多元线性回归的方法对数学模型进行调整。整个系统采用的是修正以后的重复交易法与特征价格法相结合的模型。整个价格核定系统设置了数据收集与管理系统、基期计税价评估系统、基准价自动更新系统、最低计税价格审核系统和计税价格争议处理系统五个子系统。

杭州市的商铺批量评估项目分别采用了方格网法、多因素综合评价法和收益乘数法。方格网法采用基准地价级别、道路类型和商服繁华程度三级标准,将全市划分为 100 多个理论评估区域,即"虚拟区域",便于评估参数和市场信息的归类。由于商铺分布面广、影响因素差异大,合理划分评估区域,并据此确定技术参数、调查市场信息,是做好批量评估的前提。多因素综合评价法主要对商铺的异质性进行批量评价,遵循主导因素原则,舍弃次要影响因素,对商业楼幢和路段进行综合评判。这个方法列出了多项主要的影响因素,例如结构形式、主楼分类、商铺层数、层高、商铺醒目度、建筑外观、楼幢商铺总间数及空置间数、楼幢商铺总长及深度、邻路口情况、出入便利度、邻公交地铁情况、邻居住区情

况、大型商场影响、经营业态等，并对这些因素进行了分档，设定标准的因素因子评价标准体系进行综合评价，从而可以有效地把价格差异量化为评价分值。

二、辽宁省四市存量房交易计税价格评估试点

辽宁省在 2011 年初设立了四个存量房交易计税价格评估试点城市，这四个城市分别是沈阳、辽阳、丹东、铁岭。

四个城市采用的是国际通用的市场法中的直接比较法，以城市规划为基础，按照地段相连、价值相近的原则将城市划分成若干区域，分用途建立可比实例库，选取可比实例，确定可比价格基础，求取不动产评估值。

丹东市地税局开发的不动产评税系统以直接比较法的计算机自动估价为主，间接比较法为辅，并将该方法应用于存量房的计税价格核定中。丹东市所有居民住宅按 556 个住宅小区进行评税分区的设立，然后根据小区内影响不动产价值因素的情况确定修正系数，最终得到应税不动产计税价值。

沈阳市和平区通过采集大量真实的不动产交易信息，运用现代数理统计方法对这些信息进行加工整理，得出存量房的市场价值。

三、江苏省扬州市存量房涉税价格认定工作

2009 年开始扬州市对市区二手房交易计税的基准价格进行核定，并以此作为确定交易计税价格的参考。

扬州市采用市场比较法批量确定各住宅小区存量房计税的基准价格，市价格认证中心通过批量确定计税基准价格，采集影响房价相关因素的基础信息，研究确定相关价格修正系数，制定不动产价格认定技术标准。

扬州市区二手房平均成交价格数据主要来源于扬州市契税征收管理所二手房交易实际计税价格的数据、扬州市不动产中介行业对二手房交易价格的公开数据和扬州市价格认证中心对二手房市场价格的调查数据。最终的价格按照这三种价格的加权平均计算：契税征收机关汇总分析平均数据的权重为 0.4，调查汇总分析平均数据的权重为 0.3，信息采集成员单位汇总分析平均数据的权重为 0.3。

四、山西省太原市的批量评估技术实践

太原市地税局于 2009 年 3 月作为山西省的试点城市开始了住宅计税价格的评估工作。

太原市提出了基于专家系统的可比样本法，即采用样本点价值推算不同层次的区域基准价，通过因素修正评估楼幢的基准价，进而通过计算机自动评估系统对应税存量房交易基准价进行评估。

基于专家系统的可比样本法是利用估价领域专家的知识和经验，运用计算机技术进行推理判断，模拟估价专家的决策过程来进行税基批量评估的系统。所使用的评估方法以间接市场比较法为主，成本法和直接市场比较法为辅。

太原市的主要评估技术路线为：首先，通过区域划分因素的选择及量化将太原市城区划分为若干街区或小区，以街区或小区为单元进行现场调查及资料的整理与分析。其次，选取样本点并进行样本点价格的测算，取样本点价格的平均值作为区域计税基准价，在区域计税基准价的基础上根据楼幢标准不动产的特征确定楼幢基准价。最后，通过若干影响住宅价格的特征因素对楼幢基准价进行修正来测算单套房屋的计税价格。

🐂 本章小结

批量评估是指在计算机信息技术的辅助下，使用标准的方法和共同的数据，对大批量不动产进行系统的、统一的评估，并对结果进行统计检验的方法。它是在单宗评估理论的基础上，结合计算机、GIS 等技术，建立数量统计模型对大量应税不动产进行一次性评税的方法。批量评估方法降低了评估成本，提高了评估效率，避免了单宗评估的特殊性，使评估过程更加公平透明，批量评估的结果具有持久性。批量评估主要运用在重新评估大量相似的抵押房地产在同一价值时点的市场价格或市场价值、抵押价值、抵押净值。

早期，批量评估的理论与实践主要集中在特征价格模型，使用多元线性回归计量方法。在最近的几十年中，其他批量评估方法得到了广泛的应用，如神经网络技术、时间趋势分析、支持向量机、随机森林、多元回归分析和回馈技术。这些新方法既增加了模型的灵活性，又不乏数据学上的严谨性，比基于回归方法的价值模型的性能更强大。

运用多元回归分析的批量评估法的步骤如下：确定估价范围；对估价范围内的所有被估价房地产进行分组，使同一组内的房地产具有相似性；在同组内把房地产价值或价格作为因变量，把影响房地产价值或价格的若干因素作为自变量，设定多元回归模型；估计多元回归模型系数；利用该模型计算出各宗被估价房地产的价值或价格。

多元回归分析的批量评估法是在大量样本的基础上，通过对变量、误差的假定，依靠最小二乘法来拟合因变量与自变量的关系，从而建立数学模型。根据特征价格理论模型，多元回归计量模型通常包括一般线性型、半对数型、逆半对数型及双边对数型四种函数类型。这四类模型之间的唯一区别是它们各自回归系数的解释。多元回归模型的优势包括：一旦建立好模型，模型估计操作简单，实施效率高；模型本身具有很高的经济解释力；估计程序规范，可重复性强。其缺点在于：模型的拟合精度依赖于模型研究的基本单位、模型需要不断更新、适合于交易活跃的城市等。

章后习题

一、单项选择题

1. 不动产批量评估非传统方法不包括（　　）。

    A. 成本法　　　　　B. 随机森林算法　　C. 市场比较法　　　D. 收益法

2. USPAP 规定的基本程序不包含下列（　　）。

    A. 确定适于所评估财产稳定交易运转的市场区域

    B. 确定影响市场价值形成的特征

    C. 对批量评估结论进行复核和调整

    D. 建立能够反映影响特征间关系的模型

3. 批量评估方法兴起于 20 世纪 70 年代，（　　）逐步成为具有很大影响力的新型评估模式。

    A. 20 世纪 70 年代　　　　　　　　　B. 20 世纪 80 年代

    C. 20 世纪 90 年代　　　　　　　　　D. 21 世纪

4. 为制定资产评估行业统一的专业准则，提高评估质量，维护资产评估行业的信誉，1986 年美国八个评估专业协会和加拿大评估协会联合制定了（　　）。

    A.《国际评估准则》　　　　　　　　B.《美国评估准则》

    C.《国际评估准则修订版》　　　　　D.《专业评估执业统一准则》

5. 将 GIS 与灰色系统理论、模糊数学理论相结合，构建了（　　）平台下的不动产评估模型。

    A. GIS　　　　　　　B. RS　　　　　　　C. ArcGIS　　　　　　D. ArcRS

二、多项选择题

1. 1999 年 Robert Gloudemans 在其著作中不仅系统性叙述了批量评估体系、模型建立的具体方法，而且详细介绍了（　　）批量评估技术，对后续批量评估模型的构建具有重要的指导意义。

A. 多元回归分析   B. 时间趋势分析

C. 适应估计技术   D. 人工神经网络

2. 国外学者对研究批量评估不动产价格主要用于（ ）个方面？

A. 批量评估综述   B. 传统批量评估方法

C. 批量评估新方法拓展   D. 标准化批量评估模型

3. 不动产多元回归模型的特点包括（ ）。

A. 多元回归模型通常包括一般线性型、半对数型、逆半对数型、双边对数型（log-linear）四种函数类型

B. 四类模型之间的回归系数的解释相同

C. 一旦建立好模型，模型估计操作简单，实施效率高

D. 多元回归模型适合于所有的城市不动产批量估价

4. 批量评估方法相对单项评估的特点有（ ）。

A. 降低了评估成本，提高了评估效率

B. 在同一评税区内采用相同的特征指标和评估方法，避免了单宗评估的特殊性

C. 使评估结构更加公平透明

D. 批量评估的结果不具有持久性

5. 在批量评估模型构建完成后的检验程序包含（ ）。

A. 逻辑学检验   B. 经济意义检验   C. 统计学检验   D. 经济学检验

三、名词解释

1. 批量评估

2. 特征价格法

3. 拟合优度检验

4. 方程显著性检验

5. 系数显著性检验

四、简答题

1. 诠释"批量评估"的具体概念及原理。

2. 不动产批量评估的特点包含哪四个方面。

3. 特征价格法的特征变量选取有哪些方向，请具体举出 6 个特征变量并简答。

五、论述题

结合一个你了解到的不动产批量评估实践说说自己对不动产批量评估的理解。

## 第十章

不动产评估的深度学习方法

📖 **主要知识点**

机器学习的概念及特点、机器学习算法类型、深度学习的概念、深度神经网络、BP 神经网络、多层感知机、激活函数、深度学习的优化算法

第一节 机器学习概述

一、机器学习概念

机器学习（Machine Learning, ML）就是让计算机从数据中进行自动学习，得到某种知识（或规律）。作为一门学科，机器学习通常指一类问题以及解决这类问题的方法，即如何从观测数据（样本）中寻找规律，并利用学习到的规律（模型）对未知或无法观测的数据进行预测。机器学习研究的是如何使计算机系统利用经验改善性能。它是人工智能领域的分支，也是实现人工智能的一种手段。

机器学习的基本要件包括样本、特征、标签、模型、学习算法等。一组样本构成的集合称为数据集。一般将数据集分为两部分：训练集和测试集。训练集中的样本是用来训练模型的，也叫训练样本，而测试集中的样本是用来检验模型好坏的。

我们用一个 d 维向量 $x = [x_1, x_2, \cdots, x_d]^T$ 表示一个样本的所有特征构成的向量，称为特征向量，其中每一维表示一个特征。假设训练集由 N 个样本组成，其中每个样本都是独立同分布的，即独立地从相同的数据分布中抽取的，记为

$$D = \{(x(1), y(1)), (x(2), y(2)), \cdots, (x(N), y(N))\}$$

给定训练集 D，我们希望让计算机自动寻找一个函数 $f(x; \theta)$ 来建立每个样本特性向量 x 和标签 y 之间的映射。对于一个样本 x，我们可以通过决策函数来

预测其标签的值 $\hat{y}=f(x;\theta)$，其中 θ 为可学习的参数。

通过一个学习算法 A，在训练集上找到一组参数 θ^*，使函数 $f(x,\theta^*)$ 可以近似真实的映射关系。这个过程称为学习（Learning）或训练（Training）过程，函数 $f(x;\theta)$ 称为模型（Model）。为了评价模型的好坏，我们在测试集中所有样本上进行测试，根据定义的损失函数计算预测结果的准确率。

二、机器学习算法的类型

机器学习算法可以按照不同的标准来进行分类。比如按函数 $f(x;\theta)$ 的不同，机器学习算法可以分为线性模型和非线性模型；按照学习准则的不同，机器学习算法也可以分为统计方法和非统计方法。但一般来说，我们会按照训练样本提供的信息以及反馈方式的不同，将机器学习算法分为以下几类：

1. 监督学习

如果机器学习的目标是通过建模分析样本的特征 x 和标签 y 之间的关系：$y=f(x;\theta)$，并且训练集中每个样本都有标签，那么这类机器学习称为监督学习（Supervised Learning）。根据标签类型的不同，监督学习又可以分为回归和分类两类。

其一，回归问题中的标签 y 是连续值（实数或连续整数），$f(x;\theta)$ 的输出也是连续值。

其二，分类问题中的标签 y 是离散的类别（符号）。在分类问题中，通过样本训练学习得出的模型也称为分类器（Classifier）。分类问题根据其类别数量又可分为两类分类和多类分类问题。

2. 无监督学习

无监督学习（Unsupervised Learning，UL）是指从不包含目标标签的训练样本中自动学习到一些有价值的信息。典型的无监督学习问题有聚类、密度估计、特征学习、降维等。

监督学习需要每个样本都有标签，而无监督学习则不需要标签。一般而言，监督学习通常需要大量的有标签数据集，这些数据集一般都需要由人工进行标注，成本很高。因此，也出现了很多弱监督学习（Weak Supervised Learning）和半监督学习（Semi-Supervised Learning）的方法，希望从大规模的无标注数据中充分挖掘有用的信息，降低对标注样本数量的要求。

三、传统的特征学习

传统的特征学习一般是通过人为地设计一些准则，然后根据这些准则来选取有效的特征,具体又可以分为两种:特征选择和特征抽取。特征选择(Feature Selection)是选取原始特征集合的一个有效子集,使基于这个特征子集训练出来的模型准确率最高。简单地说,特征选择就是保留有用特征,移除冗余或无关的特征。特征抽取是构造一个新的特征空间,并将原始特征投影在新的空间中。以线性投影为例,原始特征向量经过线性投影后得到在新空间中的特征向量。

特征抽取又可以分为监督和无监督的方法。监督的特征学习的目标是抽取对一个特定的预测任务最有用的特征,比如线性判别分析。而无监督的特征学习和具体任务无关,其目标通常是减少冗余信息和噪声,比如主成分分析。

第二节　深度学习的概念以及应用

一、深度学习简介

长期以来机器学习总能完成其他方法难以完成的目标。例如,自20世纪90年代起,邮件的分拣中使用的光学字符识别,电子支付系统中读取银行支票、进行授信评分以及防止金融欺诈。机器学习算法在网络上被用来提供搜索结果、个性化推荐和网页排序。可以说,机器学习已经渗透到了我们工作和生活的各个方面。直到近年来,在此前被认为是无法解决的问题以及直接关系消费者的问题方面取得突破性进展后,机器学习才逐渐变成公众的焦点。当然,这些进展基本归功于深度学习。

深度学习是指机器学习中的一类函数,它们的形式通常为多层神经网络。近年来,仰仗着大数据集和强大的硬件,深度学习已逐渐成为处理图像、文本语料和声音信号等复杂高维度数据的主要方法。深度学习通过简单的函数将该级的表示变换为更高级的表示。传统机器学习与深度学习流程对比如图10-1所示。

相对其他经典的机器学习方法而言,深度学习的不同在于:对非最优解的包容、对非凸非线性优化的使用以及勇于尝试没有被证明过的方法。

深度学习已经在你我身边,如拼写校正、物体识别、语音识别、社交媒体照片里好友们的识别等。得益于优秀的算法、快速而廉价的算力、前所未有的大量数据以及强大的软件工具,如今大多数软件工程师都有能力建立复杂的模型来解决十年前连最优秀的科学家都觉得棘手的问题。深度学习改变了传统互联网业务,如网络搜索和广告。同时深度学习也使许多新产品和企业以很多方式帮助人们,从而

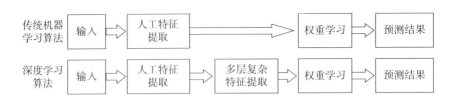

图 10-1 传统机器学习与深度学习流程对比

获得更好的信息反馈。如小米的"小爱同学",苹果公司的 Siri,亚马逊的 Alexa 和谷歌助手一类的智能助手能以可观的准确率回答人们口头提出的问题,甚至包括从简单的开关灯具到提供语音对话帮助。此外,物流管理、计算生物学、粒子物理学和天文学近年来的发展也有一部分要归功于深度学习。可以看到,深度学习已经逐渐演变成一个工程师和科学家皆可使用的普适工具。

总之,人工智能是一类非常广泛的问题,机器学习是解决人工智能问题的一种重要工具,而深度学习是机器学习的一个分支。三者的关系如图 10-2 所示。在很多人工智能问题上,深度学习的方法突破了传统机器学习方法的瓶颈,推动了人工智能领域向前发展。

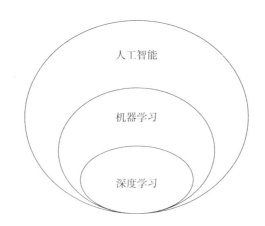

图 10-2 人工智能、机器学习以及深度学习关系

二、深度学习的特点

1. 深度学习是具有多级表示的表征学习方法

在机器学习的众多研究方向中,表征学习关注如何自动找出表示数据的合适

方式,以便更好地将输入变换为正确的输出,而深度学习是具有多级表示的表征学习方法。在每一级,深度学习通过简单的函数将该级的表示变换为更高级的表示。因此,深度学习模型也可以看作由许多简单函数复合而成的函数。当这些复合的函数足够多时,深度学习模型就可以表达非常复杂的变换。

2. 深度学习可以逐级表示越来越抽象的概念或模式

以图像为例,它的输入是一堆原始像素值。深度学习模型中,图像可以逐级表示为特定位置和角度的边缘、由边缘组合得出的花纹、由多种花纹进一步汇合得到的特定部位的模式等。最终,模型能够较容易根据更高级的表示完成给定的任务,如识别图像中的物体。值得一提的是,作为表征学习的一种,深度学习将自动找出每一级表示数据的合适方式。

3. 深度学习的一个外在特点是端到端的训练

也就是说,并不是将单独调试的部分拼凑起来组成一个系统,而是将整个系统组建好之后一起训练。例如,计算机视觉科学家曾一度将特征抽取与机器学习模型的构建分开处理。当深度学习进入这个领域后,这些特征提取方法就被性能更强的自动优化的逐级过滤器替代了。

4. 深度学习实际上是指训练(大规模)神经网络的过程

神经网络一旦训练建立后,你要做的只是输入 x,就能得到输出 y。例如,在不动产估价中,一个简单的四个输入的神经网络,输入的特征可能是房屋的大小、卧室的数量、离中心区的距离和区域的富裕程度。给出这些输入的特征之后,神经网络的工作就是预测对应的价格。随着可用的训练数据量不断增加,深度学习模型预测的价格会更加准确。

三、常用的深度学习框架

在深度学习中,一般通过误差反向传播算法来进行参数学习,且需要的计算机资源比较多。比较有代表性的框架包括:第一代框架,如 Caffe、Torch 和 Theano,许多开创性的论文都用到了第一代框架;第二代框架,目前被广泛使用,如 TensorFlow(经常是以高层 API Keras 的形式)、CNTK、Caffe 2 和 Apache MXNet。第三代框架,即命令式深度学习框架,由用类似 NumPy 的语法来定义模型的,如 Chainer,Py-Torch 和 MXNet 的 Gluon API,逐渐成为新的深度学习理论工具。

1. Theano

蒙特利尔大学的 Python 工具包,用来高效地定义、优化和执行多维数组数据对应的数学表达式。Theano 可以透明地使用 GPUs 和高效的符号微分。

2. Caffe

全称为 Convolutional Architecture for Fast Feature Embedding,是一个卷积网络模型的计算框架,所要实现的网络结构可以在配置文件中指定,不需要编码。Cafe 用 C++和 Python 实现,主要用于计算机视觉。

3. TensorFlow

Google 公司开发的 Python 工具包,可以在任意具备 CPU 或者 GPU 的设备上运行。TensorFlow 的计算过程使用数据流来表示。TensorFlow 的名字由来是其计算过程中的操作对象为多维数组,即张量(Tensor)。

4. Chainer

一个最早采用动态计算图的神经网络框架。和 TensorFlow、Theano、Caffie 等框架使用的静态计算图相比,动态计算图可以在运行时动态地构建计算图,因此非常适合进行一些复杂的决策或推理任务。

5. PyTorch

由 Facebook、Twitter 等公司开发维护的深度学习框架。PyTorch 也是基于动态计算图的框架,在需要动态改变神经网络结构的任务中有着明显的优势。

此外还有一些深度学习框架,包括微软的 CNTK,由亚马逊、华盛顿大学和卡内基梅隆大学等开发维护的 MXNet 等。

在这些基础框架之上,还有一些高度模块化的神经网络阵,使构建一个神经网络模型就像搭积本一样容易。其中比较有名的模块化神经网络框架有基于 TensorFlow 和 Theano 的 Keras 和基于 Theano 的 Lasagne。

第三节 深度神经网络应用于不动产批量评估

深度学习近年来在国内受到广泛关注,但主要还是在计算机算法、医学、图像识别等领域与人工智能相结合,在评估、预测方面的文献相对较少。例如,深度学习融入推荐系统,利用深度学习的优势从各种复杂多维数据中学习用户和物品的内在本质特征,构建更加符合用户兴趣需求的模型。目前,深度学习主要以神经网络模型为基础,研究如何设计模型结构,如何有效地学习模型的参数,如何优化模型性能以及在不同任务上的应用等。本节重点分析深度学习中神经网络在不动产估价中的应用。

一、深度神经网络的概述

人工神经网络诞生之初并不是用来解决机器学习问题的。由于人工神经网络可以看作一个通用的函数逼近器，一个两层的神经网络可以逼近任意的函数，因此人工神经网络可以看作一个可学习的函数，并能够应用到机器学习中。理论上，只要有足够的训练数据和神经元数量，人工神经网络就有可能获得较好的应用效果。

早期大部分机器学习研究者对神经网络的使用效果并不好，但是，随着训练神经网络计算力不断增强和大数据集的出现，神经网络在机器学习特别在深度学习中大放异彩，简单的神经网络逐渐被深度神经网络所取代。因为深度的网络模型通过学习算法让模型自动学习好的特征表示（从底层特征到中层特征再到高层特征），从而提升模型预测的准确率。可以说，目前深度学习采用的模型主要是深度神经网络模型，其主要原因是深度神经网络模型可以使用误差反向传播算法。随着深度学习的快速发展，模型深度也从早期的5~10层发展到目前的数百层。随着模型深度的不断增加，其特征表示的能力也越来越强，从而使后续的预测更加容易。

二、BP 神经网络

在我国，神经网络在不动产估价中应用，主要是基于 BP 神经网络模型。BP 神经网络模型是早期深度神经网络模型中的一种简单模型。早期申玲和唐安淮（1998）运用 BP 神经网络研究不动产市场比较法价格评估，对学习算法、网络结构设计等问题进行了讨论，并通过实证分析表明了 BP 神经网络在不动产评估中应用的可行性。郭红禹（2015）阐述了 BP 神经网络在不动产市场风险和估价系统方面的应用。丛苏莉（2017）使用灰色模型和 BP 神经网络相结合的方法提高了不动产前期价格的预测精度，为不动产前期价格预测提供了一种有效的建模工具。也有学者将粗糙集和小波神经网络结合起来预测不动产市场价格走势。如章伟（2011）将粗糙集理论引入不动产估价模型，结合 BP 神经网络对影响不动产价格程度较高的重要因子进行学习建模，预测结果表明预测精度比传统的预测方法更高。

所谓 BP 神经网络是一种按误差逆传播 BP（Back Propagation, BP）算法训练的多层前馈网络，它最初是由 Paul Werboss 在 1974 年提出的，但未被传播，直到 20

世纪 80 年代中期 Rumelhart、Hinton 和 Williams(1986)论文的发表，①此算法才广为人知。目前 BP 算法已成为应用广泛的神经网络学习算法。

1. BP 神经网络主要特点

BP 神经网络的特点主要有以下几个：

(1)BP 神经网络学习是由信息的正向传播和误差的反向传播两个过程组成的。BP 神经网络的学习规则是使用最速下降法，通过反向传播来不断调整网络的权值和阈值，使网络的误差平方和最小。BP 神经网络是一种多层的前馈神经网络，其主要特点在于信号是前向传播的，而误差是反向传播的。

(2)BP 神经网络是一种简化的生物模型。每层神经网络都是由神经元构成的，每个单独的神经元相当于一个感知器。输入层是单层结构的，输出层也是单层结构的，而隐藏层既可以有多层，也可以是单层的。输入层、隐藏层、输出层之间的神经元都是相互连接的，且为全连接。

(3)BP 神经网络是一种多次的激励反馈结构。也就是说，输入层得到刺激后会传给隐藏层，隐藏层则会根据神经元相互联系的权值并根据规则把这个刺激传给输出层，输出层会对比结果，如果不对，则返回调整神经元相互联系的权值。

2. BP 神经网络的缺陷

BP 算法已成为目前应用广泛的神经网络学习算法，它在函数逼近、模式识别、分类、数据压缩等领域有着更加广泛的应用。但它存在学习收敛速度慢，容易陷入局部极小点而无法得到全局最优解，且对初始权值的选取很敏感等缺点。

(1)在权值调整上采用梯度下降法作为优化算法，极易陷入局部极小。

(2)学习算法的收敛速度很慢，收敛速度还与初始权值和传输函数的选择有关。

(3)网络的结构设计，即隐节点数的选择尚无理论指导，具有很大的盲目性。

(4)新加入的样本对已经学好的样本影响较大，且每个输入样本的特征数目要求相同，泛化能力较差。

BP 算法作为传统训练多层网络的典型算法，实际上对仅含几层网络进行训练，该训练方法很不理想。针对 BP 算法存在的缺陷，目前国内外已有不少人对 BP 网络进行了大量的研究，提出了各种不同的改进方案，其中最大的改变是使用深度学习算法。

---

① Rumelhart David E, Hinton Geoffrey E Williams, Ronald J. Learning representations by back-propagating errors[J]. Nature, 1986, 323(6088):533-536.

三、深度神经网络研究不动产批量评估的优势

利用深度神经网络,经过大规模样本预测房价并验证批量评估的准确性,对大数据时代不动产评估的智能化和精确性具有重要的实践价值,这主要体现在以下几个方面:

1. 利用大数据可以拓展不动产评估业务空间

在大数据时代,不动产估价必然会跨越单个不动产估价的范畴,出现很多新的金融信贷、大型企业以及政府部门中的估价相关业务,比如市场分析与研究、存量房指数、房价查询、房价预测系统、分类不动产报酬率统计等。

2. 有利于提高评估的效率,降低评估的成本

大数据背景下各种信息系统和平台主要通过云计算等技术实现对海量数据的处理分析,利用批量评估可以快速形成估价报告,估价师也得以从机械重复的作业方式中解放,从而提高效率,降低人工成本。

3. 有利于提高不动产评估结果的科学性

首先,用筛选的不动产样本训练神经网络,训练系统发现隐含在不动产价格与价格影响因素之间的复杂规律,自动求得每个不动产价格评估指标对价格影响作用的大小,使最终的估价结果更加客观。其次,深度学习在评估模型参数的数量和质量方面有更大的提升。深度神经网络通过数据合并和清洗,提高数据价值,保证评估模型的可靠性。同时针对数据多维度的特点,根据数据量和可靠性进行相应的调整,兼顾了数据数量和质量两方面。

在评估不动产的过程中,人们逐渐发现不动产价格与其影响因素之间并不是完全的线性关系,影响因素之间也不是互相独立的,而且定性的指标也很难量化,所以传统方法会受到局限。此时深度学习的非线性算法、自适应性、大规模处理数据的能力受到了关注。

总之,深度学习是一门多领域交叉学科,涉及概率论、统计学、逼近论、算法复杂度理论等多门学科。专门研究计算机如何模拟或实现人类的学习行为以获取新的知识或技能,重新组织已有的知识结构使之不断改善自身的性能。利用机器自主学习功能和非线性处理能力进行样本学习,训练系统发现隐含在不动产价格与价格影响因素之间的复杂规律,自动求得每个不动产价格评估指标对价格影响作用的大小,最后用部分真实数据检验预测情况,从而有效解决传统方法人工设定权重的主观随意性。

四、多层感知机(MPL)

多层感知机在单层神经网络的基础上引入了一到多个隐藏层(Hidden Layer)。隐藏层位于输入层和输出层之间,并通过激活函数对隐藏层输出进行变换。图10-3展示了一个多层感知机的神经网络图,该网络含有一个隐藏层,该层中有5个隐藏单元。隐藏层中的神经元和输入层中各个输入完全连接,输出层中的神经元和隐藏层中的各个神经元也完全连接。因此,多层感知机中的隐藏层和输出层都是全连接层。

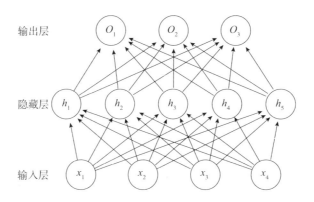

图 10-3　有隐藏层的多层感知机

在一个神经网络中,当你使用监督学习训练它的时候,训练集包含了输入 x 和目标输出 y,隐藏层的含义是在训练集中,这些中间结点的准确值人们是不知道的,人们只能看见输入的值和输出的值。

对隐藏变量使用按元素运算的非线性函数进行变换,然后再作为下一个全连接层的输入,这个非线性函数被称为激活函数(Activation Function)。常用的激活函数包括 ReLU 函数、sigmoid 函数、tanh 函数和 ELU 函数,其图形如图10-4所示。

(1) ReLU 函数。ReLU(Rectified Linear Unit)函数提供了一个很简单的非线性变换,该函数只保留正数元素,并将负数元素清零。给定元素 x,ReLU 函数定义为

$$ReLU(x) = Max(x, 0)$$

(2) sigmoid 函数。该函数可以将元素的值变换到 0 和 1 之间,在早期的神经网络中较为普遍,但它逐渐被更简单的 ReLU 函数取代。sigmoid 函数定义为

$$sigmoid(x) = \frac{1}{1 + \exp(-x)}$$

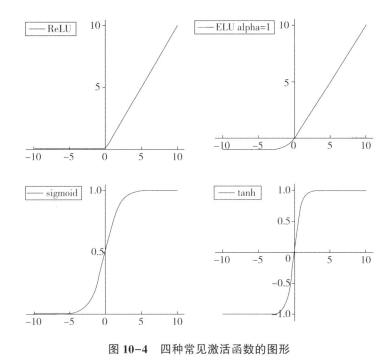

图 10-4　四种常见激活函数的图形

（3）tanh 函数。该函数可以将元素的值变换到-1 和 1 之间，虽然该函数的形状和 sigmoid 函数的形状很像，但 tanh 函数在坐标系的原点上对称。tanh 函数定义为

$$\tanh(x) = \frac{1-\exp(-2x)}{1+\exp(-2x)}$$

（4）ELU 函数。ELU 函数融合了 sigmoid 和 ReLU，左侧具有软饱和性，右侧无饱和性。右侧线性部分使 ELU 能够缓解梯度消失，而左侧软饱和能够让 ELU 对输入变化或噪声更鲁棒。ELU 的输出均值接近于零，所以收敛速度更快。ELU 函数定义为

$$ELU(x) = \begin{cases} x & ,\text{if } x \geqslant 0 \\ \alpha(\exp(x)-1) & ,\text{if } x < 0 \end{cases}$$

第四节　批量评估神经网络的优化

应用深度学习是一个典型的迭代过程，需要多次循环往复，才能为应用程序找

到一个合适的神经网络,创建高质量的训练数据集,以及好的验证集和测试集都有助于提高循环效率。

一、模型选择、欠拟合和过拟合

在深度学习中,通常需要评估若干候选模型的表现并从中选择模型。这一过程称为模型选择。可供选择的候选模型可以是有着不同超参数的同类模型。在多层感知机的例子中,我们可以选择隐藏层的个数,以及每个隐藏层中隐藏单元个数和激活函数。

通常会将数据划分成几部分:一部分作为训练集,一部分作为简单交叉验证集,有时也称之为验证集,另一部分作为测试集。在小数据量时代,通常按照 60% 训练集、20% 验证集和 20% 测试集来划分数据集。如果数据集规模较大,验证集和测试集要小于数据总量的 20% 或 10%。

深度学习的流程为:先对训练数据集按算法进行训练,学习模型参数,通过验证集或简单交叉验证集选择最好的模型,经过充分验证,选定最终模型,然后,在测试集上评估模型准确性与算法的性能。

在模型选择中,我们根据损失函数,通过计算训练误差和验证集误差来判断算法偏差或方差是否偏高,帮助我们优化算法性能。

模型训练中经常会出现两类典型问题:一类是欠拟合,即模型无法得到较低的训练误差;另一类是过拟合,即模型的训练误差远小于它在测试数据集上的误差。在实践中,给定训练数据集下,如果模型的复杂度过低,很容易出现欠拟合;如果模型复杂度过高,很容易出现过拟合。如果训练数据集中样本数过少,容易出现过拟合。解决办法是针对数据集选择合适复杂度的模型和训练数据集以及正则化。

正则化通过为模型损失函数添加惩罚项使输出的模型参数值较小。实践中通常使用 L2 范数正则化,它在模型原损失函数的基础上添加 L2 范数惩罚项,从而得到训练所需的最小化的函数。L2 范数正则化又叫权重衰减。权重衰减通过惩罚绝对值较大的模型参数为需要学习的模型增加限制。L2 范数惩罚项指的是模型权重参数中每个元素的平方和与一个正的常数的乘积。带有 L2 范数惩罚项的损失函数为

$$J(w,b) = \frac{1}{n}\sum_{i=1}^{n} L(\hat{y}_i, y_i) + \frac{\lambda}{2n} \| w \|^2$$

其中,w 为权重参数,b 为偏差参数,$L(\hat{y}_i, y_i)$ 为样本 i 的损失函数,n 为样本数,右边第 2 项为 L2 范数,λ 为超参数。当 λ 较大时,惩罚项在损失函数中的比重较大,这通常会使神经网络学习到的权重参数的元素较接近 0。当 λ

设为 0 时，惩罚项完全不起作用。

二、优化算法

我们可以利用大的数据集来训练神经网络以提高模型的效果，但是训练速度很慢。如果使用合适的优化算法，如梯度下降法，能够提高训练的效率。

1. 梯度下降法

梯度下降法的核心思路是在函数的曲线（曲面）上初始化一个点，然后让它沿着梯度下降的方向移动，直至移动到函数值极值的位置。梯度下降是通过不停地迭代，直至移动到函数值极值的位置。但是，传统的批量梯度下降将计算整个数据集梯度，在处理大型数据集时速度很慢且难以控制。针对批量梯度下降算法训练速度过慢的缺点，学者提出了随机梯度下降算法。普通的梯度下降算法是每次迭代把所有样本都过一遍，每训练一组样本就把梯度更新一次。而随机梯度下降算法是从样本中随机抽出一组，训练后把梯度更新一次，然后再抽取一组，再更新一次，在样本量极其大的情况下，可能不用训练完所有的样本就可以获得一个损失值在可接受范围之内的模型了。

为了综合梯度下降法和随机梯度下降法的优缺点，在实际应用中，一般采用小批量梯度下降，换句话说，每次计算一小部分训练数据的损失函数。这一小部分数据被称为一个 batch。每次使用一个 batch 可以大大减少收敛所需的迭代次数，同时可以使收敛到的结果更加接近梯度下降的效果。

2. 动量梯度下降算法

动量梯度下降算法是计算梯度的指数加权平均数，并利用该梯度更新权重。动量梯度下降算法的运行速度几乎总是快于标准的梯度下降算法。相较于小批量随机梯度下降，动量梯度下降算法在每个时间步的自变量更新量近似于将前者对应的最近某个时间步的更新量做了指数加权移动平均再除以一个参数。在动量法中，自变量在各个方向上的移动幅度不仅取决于当前梯度，还取决于过去的各个梯度在各个方向上是否一致。这样，我们就可以使用较大的学习率，从而使自变量向最优解更快移动。

3. RMSprop 算法

RMSprop 算法的全称是 Root Mean Square prop 算法，也称为加速梯度下降算法。RMSprop 跟动量梯度下降算法有很相似的一点，就是可以消除梯度下降中的摆动，包括 mini-batch 梯度下降，并允许使用一个更大的学习率，从而加快算法学习速度。

4. Adam 算法

Adam 代表的是 Adaptive Moment Estimation。Adam 算法在 RMSprop 算法的基础上对小批量随机梯度也做了指数加权移动平均，该算法基本上就是将动量梯度下降算法和 RMSprop 算法结合在一起。Adam 算法是一种常用的学习算法，实践证明它适用于不同的神经网络，可以更加快速地训练神经网络。

以上只是简单介绍了几种常见的优化算法，更多优化算法和详细的内容请参考专业的深度学习教程。

第五节　不动产价格批量评估的案例

一、基于机器学习的波士顿不动产价格批量预测

给定一组描述波士顿房屋特征的数据，运用我们的机器学习模型预测房价。为了使用波士顿的房屋数据训练我们的机器学习模型，我们将使用 scikit-learn 的波士顿数据集。

1. 数据集与运行环境设定

波士顿房价数据集中的每条记录都描述了一个波士顿郊区或城镇。数据来自 1970 年的波士顿标准都市统计区（SMSA）。数据有 506 行和 13 个属性（特征），其中有一个目标列（价格）。具体属性的定义如下。

在这个数据集中，每一行都描述了一个波士顿的城镇或郊区。

CRIM：按城镇分的人均犯罪率。

ZN：住宅用地中 25000 平方尺以上的住宅用地比例。

INDUS：每镇非零售业用地的比例。

CHAS：查尔斯河哑变量（以河流为界时为 1；否则为 0）。

NOX：氮氧化物浓度（每 1000 万分之一）。

RM：平均每户住宅的房间数。

AGE：1940 年以前建造的自住住宅的比例。

DIS：离波士顿五个就业中心的加权距离。

RAD：高速公路的无障碍指数。

TAX：每 10000 美元的全额财产税税率。

PTRATIO：按城镇分的师生比例。

B：1000（Bk - 0.63）^{2}，其中 Bk 是按城镇划分的黑人比例。

LSTAT：人口中地位较低的人口比例。

MEDV：自有住宅价格的中位数（千美元）。

运行环境：使用 Python（版本为 3.6 以上）程序语言，需要的宏包包括 numpy、matplotlib、pandas、sklearn、seaborn。为了更直观地运行代码，建议用 Jupyter iPython Notebooks。对于普通用户，建议通过安装 Anaconda。[①] Anaconda 指的是一个开源的 Python 发行版本，是跨平台的，有 Windows、macOS、Linux 版本，其包含了 180 多个科学包及其依赖项。如果安装的是 Anaconda 3，本案例中所需要的宏包都包括了，不需要单独安装。如果缺少所需要的宏包时，可以在电脑的终端中通过 pip 或 conda 安装，如 pip install numpy、pip install pandas 等。

正常安装后，打开 Jupyter 记事本，就可以运行本案例的代码。

```
jupyter notebook
```

这时在浏览器通常会自动打开 http：//localhost：8888，就可以查看和运行本书中的代码了。

2. 加载并初始化所需要的数据集

```
#导入所需要的宏包（库）。以#开头的为注释行，下同。
import pandas as pd
import numpy as np
from sklearn import metrics
import matplotlib. pyplot as plt
import seaborn as sns
%matplotlib inline
# 加载数据集
from sklearn. datasets import load_boston
boston = load_boston ( )
# 将数据集变为数据框结构
data = pd. DataFrame ( boston. data)
```

---

① 下载地址：https：//www. anaconda. com/download/.

```
# 查看数据的维度
data. shape
#将特征名称添加到数据框架中
data. columns = boston. feature_names
data. head ( )
# 设定价格特征标签
data ['PRICE'] = boston. target
```

3. 数据的描述性统计

查看数据的整体描述性统计特征，可以使用下面的命令，此处省略统计结果。

```
# 查看数据的描述性统计
data. describe ( )
```

除了一般性统计特征外，RM、LSTAT 和 PTRATIO 三个特征为我们提供了关于每个数据点的关键定量信息。我们想知道：①RM 值（房间数）为 6 的房屋比 RM 值为 7 的房屋价值更高或更低？② LSTAT 值（低阶层工人的百分比）为 15 的社区的房价比 LSTAT 值为 20 的社区的房价高多少？③PTRATIO 值（学生与教师的比率）为 10 的社区的房价比 PTRATIO 值为 15 的社区的房价高多少？

为此，我们使用下面的代码画出三个特征变量与价格的关系图（见图 10-5）。

```
import matplotlib. pyplot as plt
plt. figure( figsize = ( 20 ,5 ) )
    for i, col in enumerate( ['RM','LSTAT','PTRATIO'] ) :
    # 3 plots here hence 1, 3
    plt. subplot( 1 , 3 , i+1)
    x = data[ col ]
    y = boston. target
    plt. plot( x ,y ,'o' )
    # Create regression line
    plt. plot ( np. unique( x ), np. poly1d
            ( np. polyfit( x ,y ,1 ) )( np. unique( x ) ) )
```

```
plt. title（col）
plt. xlabel（col）
plt. ylabel（'prices'）
```

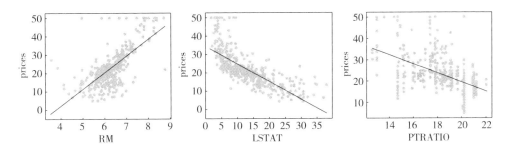

图 10-5 住宅三个关键特征与价格关系

从图 10-5 可以看出：①RM 的值越大，MEDV 的值就越大。因为随着房间数量的增加，房屋的价格将会提高。②LSTAT 的值越大，MEDV 的值就越小。因为随着邻居中低收入房主所占的百分比增加，附近的犯罪率可能会增加。即使 LSTAT 与附近的犯罪率没有因果关系，但它们很可能正相关。另一个因素是，如果附近低收入房主的占比更高，那么很昂贵的房地产所有者就不太可能在该地区建房。因此，平均而言，该地区的房屋会便宜一些。③PTRATIO 的值越小，MEDV 的值就越大。因为如果学生与教师的比率低，则意味着单个学生会受到教师的更多关注。因此，PTRATIO 较低的地区的房屋价格会更高。

4. 建立模型

因为我们的主要目标是构建一个能够预测房屋价值的批量模型，所以我们需要将数据集分离为特征 X 和目标变量 y，并将 X 和 y 分为训练集 X_train、y_train 和测试集 X_test、y_test。

```
#拆分目标变量和独立变量
X = data. drop（['PRICE'], axis = 1）
y = data['PRICE']
#分割训练数据集和测试集
from sklearn. model_selection import train_test_split
X_train, X_test, y_train, y_test = train_test_split（X, y, test_size = 0. 3,
random_state = 4）
```

首先，我们建立机器学习中常见的线性规划模型进行训练学习。

```
#导入回归模型
from sklearn. linear_model import LinearRegression
#建立回归模型对象
lm = LinearRegression ( )
#使用训练集训练模型
lm. fit （X_train，y_train）
```

其次，查看训练模型的截距和回归系数，结果如表10-1所示。

```
#价格的截距
lm. intercept_
#将特征的回归系数值转换为数据框并显示
coeffcients=pd. DataFrame （［X_ train. columns，lm. coef_ ］）. T
coeffcients=coeffcients. rename
            （columns = ｛0:'Attribute'，1:'Coefficients'｝ ）
coeffcients
```

表 10-1　线性回归模型系数

序号	特征	系数	序号	特征	系数
1	CRIM	−0. 123	8	DIS	−1. 552
2	ZN	0. 056	9	RAD	0. 326
3	INDUS	−0. 009	10	TAX	−0. 014
4	CHAS	4. 693	11	PTRATIO	−0. 803
5	NOX	−14. 436	12	B	0. 009
6	RM	3. 280	13	LSTAT	−0. 523
7	AGE	−0. 003	14	截距	36. 35

5. 模型评价

机器学习中，通常使用以下指标量化模型的好坏。

（1）R^2：是 X 和 Y 之间线性关系的度量。它被解释为因变量中从自变量可预测的方差的比例。

$$R^2 = 1 - \frac{\sum_{i=1}^{m} (y_i - \hat{y}_i)^2}{\sum_{i=1}^{m} (y_i - \bar{y})^2}$$

（2）MAE：误差的绝对值的平均值。它测量两个连续变量之间的差，这里是 y 的实际值和预测值之间的差的绝对值的平均值。

$$MAE = \frac{1}{m} \sum_{i=1}^{m} |y_i - \hat{y}_i|$$

（3）MSE：均方误差，类似于 MAE，但在对所有差求和之前将其平方，而不是使用绝对值。因为平方的形式便于求导，所以常被用作线性回归的损失函数。

$$MSE = \frac{1}{m} \sum_{i=1}^{m} (y_i - \hat{y}_i)^2$$

（4）RMSE：均方根误差，衡量观测值与真实值之间的偏差。常用来作为机器学习模型预测结果衡量的标准。

$$RMSE = \sqrt{\frac{1}{m} \sum_{i=1}^{m} (y_i - \hat{y}_i)^2}$$

```
#使用测试集数据预测模型
y_pred = lm.predict（X_train）
#模型评估
print（'R^2:', metrics.r2_score（y_train, y_pred））
print（'Adjusted R^2:', 1 - (1-metrics.r2_score（y_train,
    y_pred）） * （len（y_train）-1）/ （len（y_train）-X_train.shape
[1]-1））
print（'MAE:', metrics.mean_ absolute_ error（y_ train, y_ pred））
print（'MSE:', metrics.mean_squared_error（y_train, y_pred））
print（'RMSE:', np.sqrt（metrics.mean_squared_error（y_train,y_pred）））
```

线性回归模型的评价结果是，R^2 为 0.75，Adjusted R^2 为 0.74，MAE 为 3.08，MSE 为 19.07，RMSE 为 4.36。我们也可以对模型的预测值与实际值做一些对比，结果见图 10-6。

```
fig, ax = plt.subplots（nrows=1, ncols=2, constrained_layout=True）
plt.rcParams ['font.sans-serif'] = ['SimHei'] #显示中文
```

```
plt. rcParams ['axes. unicode_minus'] = False
plt. subplots_adjust (wspace = 0.4)
ax1 = plt. subplot (1, 2, 1)
plt. scatter (y_train, y_pred)
plt. xlabel ("价格")
plt. ylabel ("预测价格")
ax2 = plt. subplot (1, 2, 2)
plt. scatter (y_pred, y_train-y_pred)
plt. xlabel ("预测价格")
plt. ylabel ("残差")
# 保存图形
fig. savefig ('out. png', dpi = 300)
```

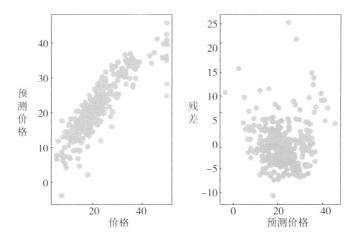

图 10-6　线性回归模型预测评价

6. 使用测试数据集验证模型

```
# 使用测试数据集预测价格
y_test_pred = lm. predict (X_test)
# 模型评价
acc_linreg = metrics. r2_score (y_test, y_test_pred)
print ('R^2:', acc_linreg)
```

```
print（'Adjusted R^2:'，1－（1-metrics. r2_score（y_test，y_test_pred））　*
（len（y_test）－1）/（len（y_test）－X_test. shape［1］－1））
    print（'MAE:'，metrics. mean_ absolute_ error（y_ test，y_ test_ pred））
    print（'MSE:'，metrics. mean_squared_error（y_test，y_test_pred））
    print（'RMSE:'，np. sqrt（metrics. mean _ squared _ error（y _ test，y _ test _
pred）））
```

7. 使用其他几种机器学习算法

从前文的模型训练与验证结果来看，使用线性回归的算法结果不是很好。下面我们演示其他几种算法，提高模型的准确性。

（1）随机森林回归。

随机森林指的是利用多棵树对样本进行训练并预测的一种算法。对于每棵树都有放回的随机抽取训练样本，将随机抽取的样本作为训练集，在有放回的随机样本中选取几个特征作为这棵树的分枝的依据。"随机"有两层含义：一个是随机选取样本，另一个是随机选取特征。在训练阶段，随机森林使用 bootstrap 采样从输入训练数据集中采集多个不同的子训练数据集来依次训练多个不同决策树；在预测阶段，随机森林将内部多个决策树的预测结果取平均值从而得到最终的结果。

```
#导入随机森林回归模型
from sklearn. ensemble import RandomForestRegressor
# Create a Random Forest Regressor
reg = RandomForestRegressor( )
#使用训练集训练模型
reg. fit( X_train，y_train)
# 预测训练集中价格
y_pred = reg. predict（X_train)
#训练集的模型评价
print（'R^2:'，metrics. r2_score（y_train，y_pred））
print（'Adjusted R^2:'，1－（1-metrics. r2_score（y_train，
    y_pred））* （len（y_train）－1）/（len（y_train）－X_train. shape
［1］－1））
    print（'MAE:'，metrics. mean_absolute_error（y_train，y_pred））
```

```
print（'MSE：', metrics. mean_squared_error（y_train, y_pred））
print（'RMSE：', np. sqrt（metrics. mean _ squared _ error（y _ train, y _
pred）））
# 使用测试集数据预测价格
y_test_pred = reg. predict（X_test）
# 测试集的模型评价
acc_rf = metrics. r2_score（y_test, y_test_pred）
print（'R^2：', acc_rf）
print（'Adjusted R＾2：', 1 - （1 - metrics. r2 _ score（y _ test, y_ test _
pred）） *
    （len（y_test）-1）/（len（y_test）-X_test. shape［1］-1））
print（'MAE：', metrics. mean_absolute_error（y_test, y_test_pred））
print（'MSE：', metrics. mean_squared_error（y_test, y_test_ pred））
print（'RMSE：', np. sqrt（metrics. mean_squared_error
    （y_test, y_test_pred）））
```

使用和前面线性回归模型中相似的代码，我们可以画出使用随机森林回归的模型预测结果的评价，如图10-7所示。从图10-7中可以看出，随机森林回归的预测结果相对于线性回归预测结果更准确，具体见后面的统一比较。

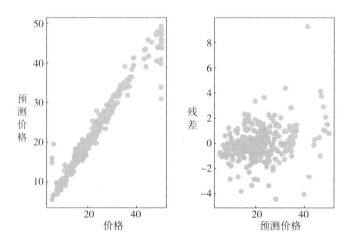

图10-7　随机森林回归模型预测评价

（2）XGBoost 回归算法。

极端梯度提升（eXtreme Gradient Boosting, XGBoost）经常被用在一些比赛中，效果显著。它是大规模并行 boosted tree 的工具，它是目前最快最好的开源 boosted tree 工具包。XGBoost 所应用的算法就是 GBDT（gradient boosting decision tree）的改进，常用于回归问题中提高模型估计的准确性。基于树模型的 XG-Boost 能很好地处理表格数据，同时还拥有一些深度神经网络所没有的特性（如模型的可解释性、输入数据的不变性、更易于调参等），并广泛应用于数据科学竞赛和工业界，XGBoost 已经给业界带来了很大的影响。

```
# 安装 xgboost,如果系统已经安装,可以注释到下一条命令
pip install xgboost
#导入 XGBoost 回归模型
from xgboost import XGBRegressor
reg = XGBRegressor( )
#使用训练集训练模型
reg. fit( X_train, y_train )
# 预测训练集中价格
y_pred = reg. predict（X_train）
#训练集的模型评价
# Model Evaluation
print('R^2:',metrics. r2_score（y_train, y_pred））
print（'Adjusted R^2:', 1 - (1−metrics. r2_score（y_train,
    y_pred））* （len（y_train）−1）/ （len（y_train）−X_train. shape
[1] −1））
print （'MAE:', metrics. mean_absolute_error（y_train, y_pred））
print （'MSE:', metrics. mean_squared_error（y_train, y_pred））
print （'RMSE:', np. sqrt （metrics. mean_
    squared_error（y_train, y_pred）））
# 使用测试集数据预测价格
y_test_pred = reg. predict （X_test）
# 测试集的模型评价
acc_xgb = metrics. r2_score （y_test, y_test_pred)
print （'R^2:', acc_xgb）
```

```
print ('Adjusted R^2:', 1- (1-metrics. r2_
    score (y_test, y_test_pred)) * (len (y_test) -1) /
    (len (y_test) -X_test. shape [1] -1))
print ('MAE:', metrics. mean_absolute_error
    (y_test, y_test_pred))
print ('MSE:', metrics. mean_squared_error
    (y_test, y_test_pred))
print ('RMSE:', np. sqrt (metrics. mean_squared_error
    (y_test, y_test_pred)))
```

从图10-8可以看出，使用 XGBoost 回归算法进一步提高了模型的准确性，实际价格和预测价格几乎在45度线上，说明两种价格几乎相同。

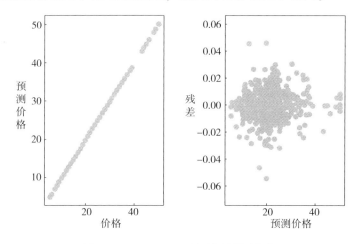

图 10-8　XGBoost 回归模型预测评价

（3）支持向量回归算法。

支持向量回归算法（SVR）的目标是寻求最优超平面使所有的样本点离超平面的总偏差最小。传统的回归模型根据模型预测值与真实值 y 之间的差别计算损失，只有两者完全相同的时候，损失才为 0。而支持向量回归则认为只要预测值与实际值 y 偏离程度不太大，就可认为预测正确。只有当预测值与实际值偏离大于某一个阈值 ε 时，才计算损失。

$$error(y, \hat{y}) = \max (0, |y-\hat{y}|-\varepsilon)$$

支持向量回归有时称为管道回归，对应的损失函数称为 ε 不敏感损失函数。

下面我们使用支持向量回归算法分析波士顿房价数据。其中训练集数据的模型预测效果如图 10-9 所示，从图 10-9 中初步观察可见，使用支持向量回归的结果不是很好。

```python
# 创建用于模型的标准化数据集,以改善模型的结果
from sklearn. preprocessing import StandardScaler
sc = StandardScaler( )
X_train = sc. fit_transform（X_train）
X_test = sc. transform（X_test）
#导入随机森林回归模型
from sklearn import svm
# Create a SVM Regressor
reg = svm. SVR（）
#使用训练集训练模型
reg. fit（X_train, y_train）
# 预测训练集中价格
y_pred = reg. predict（X_train）
#训练集的模型评价
print（'R^2:', metrics. r2_score（y_train, y_pred））
print（'Adjusted R^2:', 1- (1-metrics. r2_score（y_train,
    y_pred））* （len（y_train）-1）/（len（y_train）-
    X_train. shape [1] -1））
print（'MAE:', metrics. mean_absolute_error（y_train, y_pred））
print（'MSE:', metrics. mean_squared_error（y_train, y_pred））
print（'RMSE:', np. sqrt（metrics. mean _ squared _ error（y _ train, y _
pred））)
# 使用测试集数据预测价格
y_test_pred = reg. predict（X_test）
# 测试集的模型评价
acc_svm = metrics. r2_score（y_test, y_test_pred）
print（'R^2:', acc_svm）
print（'Adjusted R^2:', 1 - (1-metrics. r2_score
    （y_test, y_test_pred））* （len（y_test）-1）/ （len
    （y_test）-X_test. shape [1] -1））
```

```
    print（'MAE:'，metrics. mean_absolute_error
（y_test, y_test_pred））
    print（'MSE:'，metrics. mean_squared_error
（y_test, y_test_pred））
    print（'RMSE:'，np. sqrt（metrics. mean_squared_error
（y_test, y_test_pred）））
```

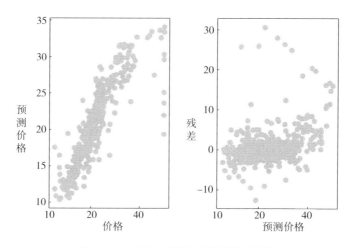

图 10-9　支持向量回归模型预测评价

（4）四种回归算法的比较。

```
    models = pd. DataFrame（{
    'Model'：['Linear Regression','Random Forest','XGBoost','Support Vector
Machines'],
    'R-squared Score':[acc_linreg * 100, acc_rf * 100, acc_xgb * 100, acc_svm
* 100] } )
    models. sort_values（by='R-squared Score'，ascending=False）
```

　　通过训练集数据训练模型后，使用测试集数据进行价格预测，四种不同的经典机器学习模型的评估结果如表 10-2 所示。从中可以看出，这四种机器学习模型于没有包括在训练集中的测试集数据中进行价值预测，分别使用 4 种不同的指标（R^2 是越大越好，而其他 3 个指标是越小越好）衡量与实际价格之间的偏离程度，都是 XGBoost 模型最好，其次是随机森林模型，然后是线性回归，最后是支持向量回归。当然我们这里的结果是在没有进行参数优化的情况下得到的，如果有参数优化，效果会进一步提高。

表 10-2　四种经典机器学习模型在测试集上的评价

Model	R^2	MAE	MSE	RMSE
XGBoost	85.800	2.531	14.828	3.851
随机森林	82.471	2.552	18.303	4.278
线性回归	71.218	3.859	30.054	5.482
支持向量回归	59.002	3.756	42.811	6.543

二、基于深度学习的波士顿不动产价格批量预测

在案例中，我们将使用 Keras 开发和评估神经网络模型来解决回归问题。该案例代码包括以下任务：加载 CSV 数据集并将其提供给 Keras；使用 Keras 为回归问题创建神经网络模型；通过交叉验证将 scikit-learn 与 Keras 结合使用以评估模型；执行数据准备以提高 Keras 模型的技能；使用 Keras 调整模型的网络拓扑。

我们仍然使用和前一个案例中一样的数据集，但是，和机器学习模型中直接加载已经格式的数据不同，该案例建议读者下载原始数据[①]，并做一些数据清理工作，以便进行模型训练和评估。

1. 数据加载与清理

现在，我们可以从本地目录中的文件加载数据集。实际上，该数据集在 UCI 机器学习存储库中不是 CSV 格式，而是用空格分隔属性。我们可以使用 Pandas 库轻松加载它。然后，我们可以拆分输入（住宅特征 X）和输出（价格 Y），以便使用 Keras 和 scikit-learn 对它们进行建模。

```
#导入所需的库 numpy,pandas
import numpy as np
import pandas as pd
#加载原始数据
```

---

① 数据可以从 UCI 机器学习知识库下载，https：//archive.ics.uci.edu/ml/machine-learning-databases/housing/.

```
# 注意将下载的 housing. csv 放在 jupyter notebook 当前文件夹下
dataframe=pd. read_csv ("housing. csv", delim_whitespace=True, header=None)
dataset=dataframe. values
# split into input (X) and output (Y) variables
X = dataset [ :, 0: 13]
Y = dataset [ :, 13]


# 加载深度学习所需的库和函数
# keras library
from keras. models import Sequential
from keras. layers import Dense
from keras. wrappers. scikit_learn import KerasRegressor
# scikit functions
from sklearn. model_selection import cross_val_score
from sklearn. preprocessing import LabelEncoder
from sklearn. model_selection import KFold
from sklearn. preprocessing import StandardScaler
from sklearn. pipeline import Pipeline
```

2. 建立基本的神经网络模型

我们可以使用 Keras 库提供的便捷包装对象来创建 Keras 模型并使用 scikit-learn 对其进行评估。因为 scikit-learn 擅长评估模型，并且将使我们能够使用功能强大的数据准备和模型评估方案，且使用代码不多。

下面我们定义用于创建要评估的基准模型的函数。这是一个简单的模型，具有单个完全连接的隐藏层，其中神经元数量与输入属性相同。该网络针对隐藏层使用 ReLU 激活功能，而对输出层没有使用激活函数，因为这是一个回归问题，我们对不经过变换的直接预测数值感兴趣。此外，该网络使用高效的 ADAM 算法，并优化了均方误差损失函数。因为通过取误差值的平方根，能够为我们提供可以直接理解的结果。

```
# 定义基本模型
def baseline_model ():
```

```
# 创立模型
model = Sequential ( )
model. add （Dense（13, input_dim = 13, activation = 'relu',
                kernel_initializer = 'normal'））
model. add （Dense（1, kernel_initializer = 'normal'））
#编译模型
model. compile （loss = 'mean_squared_error', optimizer = 'adam'）
return model
```

3. 模型评价

在 scikit-learn 中用作回归估计量的 Keras 包装对象称为 "KerasRegressor"。我们创建一个实例, 并将其传递给创建神经网络模型的函数名称以及稍后传递给模型的 fit（）函数的一些参数, 例如迭代数 epochs 和批量大小 batch_size。这两个都设置为默认值。我们还使用恒定的随机种子初始化随机数生成器, 以便评估的每个模型重复进行。我们将使用 10 倍交叉验证来评估此基准模型。

```
# 固定随机种子数
seed = 7
np. random. seed(seed)
# 使用标准化数据评估模型
estimator = KerasRegressor（build_fn = baseline_model, epochs = 50,
                    batch_size = 5, verbose = 0）
kfold = KFold（n_splits = 10, random_state = seed）
results = cross_val_score（estimator, X, Y, cv = kfold）
print（"Baseline: % . 2f（% . 2f）MSE" % （results. mean（）, results. std
（）））
```

4. 通过标准化数据集提升性能

波士顿房价数据集的一个重要问题是输入属性各不相同。我们可以在交叉验证的每一步中, 使用 scikit-learn 的 Pipeline 框架在模型评估过程中执行标准化。下面的代码创建了一个 scikit-learn 管道, 该管道先将数据集标准化, 然后创建并评估基准神经网络模型。

```
np. random. seed( seed )
estimators = [ ]
estimators. append( ( 'standardize', StandardScaler( ) ) )
estimators. append( ( 'mlp', KerasRegressor
( build_fn = baseline_model, epochs = 50, batch_size = 5, verbose = 0 ) ) )
pipeline = Pipeline ( estimators )
kfold = KFold ( n_splits = 10, random_state = seed )
results = cross_val_score ( pipeline, X, Y, cv = kfold )
print ("Standardized: %. 2f ( %. 2f) MSE" %
    ( results. mean ( ), results. std ( ) ) )
```

通过比较两种情况下的 MSE 可以发现，标准化数据确实能够提升模型的性能。基准网络模型的 MSE 均值为 25. 32，标准差为 8. 26，而标准化数据集的网络模型的 MSE 均值为 20. 74，标准差为 22. 59。实践中，应该测试不同参数值使训练模型的偏差尽可能小，当然要避免过度拟合问题。本案例只是演示深度学习在不动产价格预测评估中的基本应用，所以忽略了模型参数的微调。

提高神经网络性能的一种方法是添加更多层。这可能允许模型提取并重组嵌入在数据中的高阶特征。下面网络中增加一个隐藏层。

```
def larger_model ( ):
    model = Sequential ( )
    model. add ( Dense ( 13, input_dim = 13, activation = 'relu', kernel_initializer = 'normal' ) )
    model. add ( Dense ( 6, activation = ' relu', kernel _ initializer = ' normal' ) )
    model. add ( Dense ( 1, kernel_initializer = 'normal' ) )
    model. compile ( loss = 'mean_squared_error', optimizer = 'adam' )
    return model
seed = 7
    np. random. seed ( seed )
#使用标准化的数据评估模型
estimators = [ ]
estimators. append ( ( 'standardize', StandardScaler ( ) ) )
```

```
estimators. append ( ('mlp', KerasRegressor ( build_fn = larger_model, epochs
= 50, batch_size = 5, verbose = 0) ) )
pipeline = Pipeline ( estimators)
kfold = KFold ( n_splits = 10, random_state = seed)
results = cross_val_score ( pipeline, X, Y, cv = kfold)
print ("Larger: %. 2f ( %. 2f) MSE" %
      ( results. mean ( ), results. std ( ) ) )
```

通过在网络中添加一个隐藏层，性能几乎保持不变，就平均 MSE 而言，反而从 20.74 增加到 23.6，而且标准差也增加了，这表明在性能和准确性方面，更深的网络并不总是更好。

提高模型表示能力的另一种方法是创建更广泛的网络，将隐藏层中神经元的数量从 13 个增加到 64 个。当然，也可以尝试增加 128 个神经元检验神经网络模型的性能。

```
# 定义更多神经元的网络
def wider_model ( ):
    # create model
    model = Sequential ( )
    model. add (Dense (20, input_dim = 13, activation = 'relu', kernel_initializer
= 'normal') )
    model. add ( Dense ( 1, kernel_initializer = 'normal') )
    model. compile ( loss = 'mean_squared_error', optimizer = 'adam')
    return model
seed = 7
np. random. seed ( seed)
estimators = [ ]
estimators. append ( ('standardize', StandardScaler ( ) ) )
estimators. append ( ('mlp', KerasRegressor ( build_fn = wider_model, epochs
= 50, batch_size = 5, verbose = 0) ) )
pipeline = Pipeline ( estimators)
kfold = KFold ( n_splits = 10, random_state = seed)
results = cross_val_score ( pipeline, X, Y, cv = kfold)
```

```
print ("Wider: %. 2f (%. 2f) MSE" %
        (results. mean ( ), results. std ( ) ) )
```

结果是 MSE 的均值为 21.9。可见，使用当前参数集，较宽的网络（神经元）比更深的网络（更多隐藏层）的性能更好，但是神经元比较少的标准化模型的性能稍差。

以上结果表明，在建立神经网络模型时需要不断进行调参测试，直到找到合适的网络模型。一旦找到合适的网络模型，就可以对测试集的数据进行预测验证，评估模型的性能。如果网络模型的性能理想，就可以作为不动产批量评估的网络模型。

👍 本章小结

机器学习是让计算机从数据中进行自动学习，得到某种知识（或规律）的学科或方法，是工人智能领域的分支，也是实现人工智能的一种手段。机器学习算法一般分为监督学习和无监督学习。深度学习是机器学习中的一个分支，其形式通常为多层神经网络。在很多人工智能问题上，深度学习的方法突破了传统机器学习方法的瓶颈。

在我国，神经网络在不动产估价中应用主要是基于 BP 神经网络模型。BP 神经网络模型是早期深度神经网络模型中的一种简单模型，它是一种按误差逆传播（Back Propagation，BP）算法训练的多层前馈网络。虽然应用广泛，但是存在学习收敛速度慢、容易陷入局部极小点而无法得到全局最优解以及对初始权值的选取很敏感等缺点。

利用深度学习神经网络模型进行不动产估价是一个典型的迭代过程，需要多次循环往复才能为应用程序找到一个合适的神经网络，需要创建高质量的训练数据集、验证集和测试集。在深度学习中，通常需要评估若干候选模型的表现并从中选择模型，在模型选择中，要避免出现模型训练中的欠拟合和过拟合的问题，从而影响神经网络模型的预测性能。

我们可以利用大的数据集来训练神经网络以提高模型的效果，但是训练速度很慢。如果使用合适的优化算法，那么能够提高训练的效率。深度学习中常见的优化算法包括梯度下降法、动量梯度下降算法、RMSprop 算法、Adam 算法等。

章后习题

一、单项选择题

1. 监督的特征学习的目标是抽取对一个特定的预测任务最有用的 （　　），比如线性判别分析。

    A. 特征　　　　　　　　B. 数量　　　　　　　　C. 程序　　　　　　　　D. 目标

2. 深度学习模型需要的计算机资源比较多，一般需要在 CPU 和 （　　） 之间不断进行切换开发难度也比较大。

    A. Python　　　　　　B. CNTK　　　　　　C. GIS　　　　　　D. GPU

3. 以下 （　　） 不是常见深度学习框架。

    A. CNTK　　　　　　　　　　　　B. TensorFlow

    C. Python　　　　　　　　　　　　D. Theano 和 Caffe

4. 深度学习萌芽于现代统计学的 （　　） 的真正起飞。

    A. 20 世纪初　　　　B. 21 世纪初　　　　C. 20 世纪末　　　　D. 19 世纪末

5. 无监督的特征学习和具体任务无关，其目标通常是减少冗余 （　　），比如主成分分析。

    A. 数字数据集　　　　　　　　　　B. 冗余信息和噪声

    C. 特征抽取　　　　　　　　　　　D. 文本特征

二、多项选择题

1. 一般来说，我们会按照训练样本提供的信息以及反馈方式的不同，将机器学习算法分为以下 （　　） 类。

    A. 监督学习　　　　B. 无监督学习　　　　C. 非监督学习　　　　D. 弱监督学习

2. 机器学习方法可以粗略地分为 （　　） 三个基本要素。

    A. 模型　　　　　　B. 学习准则　　　　C. 优化算法　　　　D. 标签

3. 深度学习在国内应用范围较广，但主要还是在 （　　） 与人工智能相结合。

    A. 资产评估　　　　　　　　　　　B. 计算机算法

    C. 医学　　　　　　　　　　　　　D. 图像识别等领域

4. 机器学习算法按函数 f（x；θ）的不同，可以分为 （　　）。

    A. 监督学习　　　　B. 无监督学习　　　　C. 线性模型　　　　D. 非线性模型

5. 深度学习是一门多领域交叉学科，涉及 （　　） 等多门学科。

    A. 概率论　　　　　　　　　　　　B. 统计学

    C. 逼近论　　　　　　　　　　　　D. 算法复杂度理论

三、名词解释

1. 特征抽取
2. 监督学习
3. 无监督学习
4. 强化学习
5. 特征选择

四、简答题

1. 简述截至目前，除去三大评估方法，学术界通常将哪些方法应用于不动产评估中？
2. 不动产价格批量评估神经网络的优化方法有哪些？
3. 相对其他经典的机器学习方法而言，深度学习的不同在于哪些方面？

五、论述题

利用深度神经网络，经过大规模样本预测房价并验证批量评估的准确性，对大数据时代不动产评估的智能化和精确性具有重要的实践价值，这主要体现在哪些方面？

参考文献　REFERENCES

［1］ Rumelhart David E，Hinton Geoffrey E Williams，Ronald J. Learning repre-sentations by back-propagating errors ［J］. Nature，1986，323（6088）：533-536.

［2］ 艾建国，吴群. 不动产估价 ［M］. 北京：中国农业出版社，2008.

［3］ 常青，龙启云，郭晟. 房地产估价 ［M］. 西安：西安交通大学出版社，2013.

［4］ 丛苏莉. 基于灰色理论和神经网络的房地产前期价格预测研究 ［J］. 现代电子技术，2017，40（11）：107-110.

［5］ 房地产估价师资格考试研究组. 房地产估价案例与分析 ［M］. 郑州：黄河水利出版社，2019.

［6］ 龚萍，王雄. 不动产估价案例实务指南 ［M］. 北京：经济科学出版社，2020.

［7］ 郭斌. 房地产估价，西安：西安交通大学出版社 ［M］.2010.

［8］ 郭红禹. BP 神经网络在房地产经济中的应用综述 ［J］. 山西经济管理干部学院学报，2015，23（4）：62-64.

［9］ 姬桂珍，王霞，王云，等. 房地产估价 ［M］. 广州：华南理工大学出版社，2013.

［10］ 贾宝和，李国民，黄莹. 资产评估学教程 ［M］. 南昌：江西人民出版社，2020.

［11］ 蒋苏建，金锡万，徐圣泉，等. 房地产估价理论与实务 ［M］. 北京：北京邮电大学出版社，2015.

［12］ 杰弗里·费舍，罗伯特·马丁. 收益性不动产评估技术 ［M］. 袁煌等，译. 北京：经济科学出版社，2001.

［13］ 理查德·M. 贝兹，塞拉斯·J. 埃利. 不动产评估基础（第5版）［M］. 董俊英，译. 北京：经济科学出版社，2002.

［14］ 刘军琦，陈常优，李江涛. 房地产估价 ［M］. 北京：机械工业出版社，2019.

［15］ 卢新海. 房地产估价理论与实务 ［M］. 上海：复旦大学出版社，2010.

［16］陆珩嫃．基于人工神经网络的房地产评估理论与方法研究［M］．徐州：中国矿业大学出版社，2001.

［17］马光红．房地产估价理论与方法［M］．上海：上海大学出版社，2016.

［18］闵捷，蔡为民，吴云青．不动产估价［M］．北京：化学工业出版社，2018.

［19］乔志敏，王小荣．资产评估学教程［M］．北京：中国人民大学出版社，2020.

［20］乔志敏，俞明轩．房地产评估［M］．北京：高等教育出版社，2015.

［21］申玲，唐安淮．基于 BP 神经网络的房地产市场比较法价格评估［J］．系统工程理论与实践，1998（5）：3-5.

［22］谭善勇．房地产估价理论与方法（第 2 版）［M］．重庆：重庆大学出版社，2012.

［23］汤鸿．房地产估价［M］．南京：东南大学出版社，2010.

［24］王景升，王来福．房地产评估（第 2 版）［M］．沈阳：东北财经大学出版社，2013.

［25］王克强，刘红梅，姚玲珍，等．房地产估价［M］．上海：上海财经大学出版社，2013.

［26］谢弟炳，田克明．不动产估价［M］．北京：地质出版社，2014.

［27］薛立，任加强．不动产估价［M］．北京：中国农业大学出版社，2019.

［28］应尚军．不动产评估［M］．北京：中国财政经济出版社，2010.

［29］余炳文，陆长平．不动产评估案例［M］．北京：经济管理出版社，2018.

［30］俞明轩．房地产评估（第 2 版）［M］．北京：中国人民大学出版社，2012.

［31］虞晓芬．不动产估价（第 2 版）［M］．北京：高等教育出版社，2019.

［32］张洪力．房地产估价［M］．北京：机械工业出版社，2009.

［33］张建坤，袁竞峰，白冬梅，等．房地产估价［M］．南京：东南大学出版社，2013.

［34］张绍峰，侯湖平．不动产估价［M］．中国矿业大学出版社，2016.

［35］章伟．粗糙集 BP 神经网络在房地产价格预测中的应用［J］．计算机仿真，2011，28（7）：365-368.

［36］赵小虹，赵财富．房地产估价［M］．上海：同济大学出版社，2014.

［37］中国房地产估价师与房地产经纪人学会，柴强．房地产估价理论与方法［M］．北京：中国建筑工业出版社，2017.

［38］中国资产评估协会．资产评估基础［M］．北京：中国财政经济出版社，2020.

［39］中华人民共和国住房与城乡建设部．房地产估价规范［M］．北京：中国建筑工业出版社，2015.

［40］周保民．实用不动产评估与估价［M］．天津：南开大学出版社，2013.

［41］周正辉，韩华丽，杜转萍，等．房地产估价［M］．沈阳：东北大学出版社，2018.

［42］朱道林．不动产估价［M］．北京：中国农业大学出版社，2017.

［43］祝平衡．房地产估价理论与实务［M］．沈阳：东北财经大学出版社，2010.

［44］左静，刘昌斌．房地产估价［M］．北京：北京理工大学出版社，2016.

不动产估价报告案例

房地产抵押估价报告①

估 价 项 目 名 称：江西****有限公司位于***县良岗工业园
工业大道**号一宗工业用地及地上建筑物
抵押价值评估报告

估 价 委 托 人：江西****有限公司

房 地 产 估 价 机 构：江西******有限公司

注 册 房 地 产 估 价 师：***（***）、***（***）

估 价 报 告 出 具 日 期：2013 年 7 月 4 日至 2013 年 10 月 17 日

估 价 报 告 编 号：***评字〔2013〕***号

---

① 该估价报告案例来自江西省一家估价公司的真实估价业务。该估价公司为江西财经大学经济学院资产评估专业硕士教学与实习的合作单位。感谢对此报告的使用许可。

目　录

五、估价技术报告

（一）估价对象实物状况描述与分析

（二）估价对象权益状况描述与分析

（三）估价对象区位状况描述与分析

（四）市场背景分析

（五）最高最佳使用分析（略）

（六）估价方法适用性分析

（七）估价计算及估价结果确定

（八）估价结果确定

六、附件

（一）物业位置图

（二）物业照片

（三）《评估委托书》

（四）物业产权资料

（五）注册房地产估价师资格证书

（六）房地产评估机构资质证书

（七）评估企业营业执照

一、致估价委托人函

江西****有限公司:

承蒙委托,我们对贵公司位于***县良岗工业园工业大道**号一宗工业用地及地上建筑物进行了评估,目的是为确定房地产抵押贷款额度提供参考依据而评估房地产抵押价值。

经过市场调查和实地查勘,遵照《中华人民共和国城市房地产管理法》《房地产估价规范》《房地产抵押估价指导意见》相关法规,遵循估价原则,按照估价程序,根据估价目的,结合估价师的经验,工业用地采用成本逼近法及市场比较法进行测算、建筑物采用成本法进行测算,在综合分析影响估价对象房地产价格因素的基础上考虑委估物业法定优先受偿款(包括发包人拖欠承包人的建筑工程价款、已抵押担保的债权数额以及其他法定优先受偿款),测算出估价对象在 2013 年 7 月 4 日的抵押价值为￥113055081 元,大写人民币:壹亿壹仟叁佰零伍万伍仟零捌拾壹元整。其中土地价值为￥15015291 元,地上建筑物价值为￥98039790 元。

土地评估结果表

《国有土地使用证》编号	土地使用权人	土地坐落	土地用途	使用权类型	使用权面积(平方米)	评估单价(元/平方米)	评估总价(元)
县国用(2012)第*号	江西****有限公司	***县良岗工业园	工业	出让	147208.736	102	15015291

(该页以下无内容)

二、注册房地产估价师声明(略)

三、估价的假设和限制条件(略)

四、估价结果报告

(一)估价委托人(略)

(二)房地产估价机构(略)

（三）估价对象

1. 估价对象范围

估价对象为位于＊＊＊县良岗工业园工业大道＊＊号一宗工业用地及地上建筑物，委估物业规划用途为车间、仓库、宿舍、办公等，目前使用现状均为自用。估价对象土地面积为 220.812 亩，总建筑面积为 95652.06 平方米。至估价时点，估价对象无其他他项权利限制。

2. 估价对象权益状况

（1）土地权益状况。根据委托方提供的《国有土地使用权证》（编号：＊＊＊县国用〔2012〕第＊＊＊＊号），土地使用权人为江西＊＊＊＊有限公司，坐落为＊＊＊县良岗工业园，地类（用途）为工业，使用权分摊面积为 220.812 亩（折合 147208.736 平方米），使用权类型为出让，终止日期为 2062 年 2 月 8 日。估价对象土地权益状况表（略）。至估价时点，以上委估物业产权来源清晰，无他项权利限制。

（2）房屋权益状况。根据委托方提供的《房屋所有权证》记载，房屋所有权人、房屋坐落、结构、建筑面积、规划用途等物业房屋权益状况如下：估价对象房屋权益状况表（略）。至估价时点，《房屋所有权证》附记中未记录抵押及其他他项权利，本次评估假设委估物业产权来源清晰，无他项权利限制。

3. 估价对象实物状况

（1）土地实物状况。至估价时点，根据委托方提供的资料和估价人员的实地查勘，土地使用权面积为 220.812 亩（折合 147208.736 平方米），至估价时点止，宗地开发程度为宗地外五通及宗地内五通一平，已按照法定工业用地开发，宗地地面上建有工业建筑物，建筑物总建筑面积为 95652.06 平方米。

根据委托方提供的资料和估价人员的实地查勘，估价对象位于＊＊＊县良岗工业园，宗地四至为东面为空地、西面为工业大道、南面为工业厂房、北面为工业厂房。宗地呈近长方形，形状较规则，地质条件较优，地基稳定，地势平坦，无坡度，与周围邻地无高差，地质和水文条件能满足厂区建设和生产的要求。至估价时点，宗地已按照法定工业用地开发，宗地实际开发程度为红线外"五通"（通路、通电、通水、排水、通信）红线内建有建筑物。地面按工艺要求部分硬底强化。红线内场地平整，宗地周围无污染，绿地覆盖率一般。水、电等供应能力能够满足生产需要。委估物业周边自然环境一般，噪声及空气污染较轻。估价对象紧邻道路，对外交通便利，公共配套设施较完善。

（2）房屋实物状况。宗地地面上建有工业建筑物，共31处，分别为办公楼、宿舍及工业厂房等，建筑物总建筑面积为95652.06平方米。委估各物业具体情况如：房屋实物状况表（略）。物业使用情况见附件：物业现状照片。

（四）估价目的

为确定房地产抵押贷款额度提供参考依据而评估房地产抵押价值。

（五）估价时点

根据《房地产抵押估价指导意见》（建住房〔2006〕8号）第十条规定：房地产抵押估价时点，原则上为完成估价对象实地查勘之日，但估价委托合同另有约定的除外。我司估价人员于2013年7月4日对委估物业进行了现场查勘，再根据委托方的委托，确定本次估价时点为2013年7月4日。

（六）价值定义

本次评估的房地产价格是指估价对象在估价时点2013年7月4日，土地使用权类型为出让条件下的物业现状利用下的抵押价值，等于假定未设立法定优先受偿权利下的市场价值减去房地产估价师知悉的法定优先受偿款。

（七）估价依据（法律、法规和政策性文件（略））

（八）估价原则（略）

（九）估价方法

1. **估价技术路线**

（1）首先确定假设未设立法定优先受偿权利下的市场价值。本次估价根据当地房地产市场情况并结合估价对象的具体特点及估价目的等，采用成本法求取估价对象假设未设定法定优先受偿权利下的市场价值，考虑到工业物业的土地及地上建筑物的取得成本的不同，本次估价土地采用成本逼近法及市场比较法进行测算，建筑物采用成本法进行测算。

（2）然后确定房地产估价师知悉的法定优先受偿款。法定优先受偿款是指假定在价值日期实现抵押权时，法律规定优先于本次抵押贷款受偿的款额，包括发包人拖欠承包人的建筑工程价款，已抵押担保的债权额，以及其他法定优先受偿款。

（3）最后确定抵押价值。通过将估价对象假设未设立法定优先受偿权利下的市场价值，减去房地产估价师知悉的法定优先受偿款来求取估价对象抵押价值。

2. 估价方法

根据国家质量技术监督局、中华人民共和国建设部联合颁布的《房地产估价规范》，房地产评估通常有比较法、收益法、成本法、假设开发法。市场法适用于市场发达、交易活跃、有充足的具有替代性房地产的评估；收益法适用于有现实收益或潜在收益的房地产评估；假设开发法适用于具有投资开发或有开发潜力的房地产评估。成本法适用于无市场依据或市场依据不充分而不易采用市场法、收益法、假设开发法进行评估情况下的房地产评估。

（1）未采用方法理由（略）

（2）采用方法理由（略）

3. 估价原理（略，详见估价技术报告)

（十）估价结果

经测算，委估物业在 2013 年 7 月 4 日的抵押价值为 ¥113055081 元，大写人民币：壹亿壹仟叁佰零伍万伍仟零捌拾壹元整。其中土地价值为 ¥15015291 元，地上建筑物价值为 ¥98039790 元。

（十一）注册房地产估价师

姓名	职称	证号
＊＊＊	注册房地产估价师	＊＊＊
＊＊＊	注册房地产估价师	＊＊＊

（十二）协助估价的人员

参加估价人员：＊＊＊

（十三）实地查勘期

2013 年 7 月 4 日。

（十四）估价作业日期

二〇一三年七月四日至二〇一三年十月十七日。

（十五）估价报告应用的有效期

本估价报告自提交报告之日起 1 年内有效。

（十六）变现能力分析

（1）估价对象通用性、独立使用性或者可分割转让性分析详见下表（略）。

（2）若需对估价对象进行短期强制处分，考虑快速变现会受到估价对象所在区域市场发育的完善程度、该类物业的市场需求有限、处置时间较一般正常交易时间短、其他不可预见因素及拍卖、过户等变现费用等因素的影响，成交价格可能仅为其公开市场价值的 50% 左右，详见下表（略）。

（3）根据当前现场处置同类物业的变现情况，估计估价对象正常的变现时间为 12 个月左右。

（4）估价对象最终变现价款一般还须优先支付以下交易费用与交易税费：①交易佣金：为成交价格的 3%～5%。②营业税及附加：一般约为成交价的 5.5%。③印花税：一般约为成交价的 0.05%。④土地增值税：按成交价格的 5% 计算。⑤其他相关费用：如房地产评估费、法律服务费、诉讼费等。

（5）处置变现后的债务清偿顺序。债务人除借款本金之外还应当支付利息和费用，当其给付不足以清偿全部债务时，并且当事人没有约定的，应当按照下列顺序抵充：支付处置费用和佣金；偿还法定优先授偿款；偿还抵押权人（或债权人）的债权本息及违约金；余款交委托人（或抵押人）。

（十七）风险提示（略）

五、估价技术报告

（一）估价对象实物状况描述与分析

1. 土地基本状况（略）
2. 房屋实物状况（略）

（二）估价对象权益状况描述与分析

1. 土地权益状况（略）
2. 房屋权益状况（略）估价对象房屋权益状况表（略）

（三）估价对象区位状况描述与分析

（四）市场背景分析

1. ＊＊＊县宏观经济分析（略）

2. ＊＊＊县工业房地产发展状况（略）

（五）最高最佳使用分析（略）

（六）估价方法适用性分析

1. 估价技术路线（略）

2. 估价原理

（1）土地估价方法——成本逼近法。成本逼近法是以开发土地所耗费的各项客观费用之和为主要依据，再加上一定的利润、利息、应缴纳的税金和土地增值收益来确定土地价格的方法。其基本公式如下：

$$V = Ea + Ed + T + R1 + R2 + R3$$

其中，V 为土地价格；Ea 为土地取得费；Ed 为土地开发费；T 为税费；$R1$ 为利息；$R2$ 为利润；$R3$ 为土地增值。

（2）土地估价方法——市场比较法。市场比较法是根据市场中的替代原则，将待估土地与具有替代性的，且在估价时点近期市场上交易的类似地产进行比较，并对类似地产的成交价格作适当修正，以此估算待估宗地客观合理价格的方法。市场比较法（间接比较法）的基本公式如下：

$$PD = PB \times A \times B \times C \times D \times E$$

其中，PD 为待估宗地价格；PB 为比较案例价格；A 为待估宗地情况指数/比较案例宗地情况指数＝正常情况指数/比较案例宗地情况指数；B 为待估宗地估价日期地价指数/比较案例宗地交易日期指数；C 为待估宗地条件评价指数/比较案例宗地条件评价指数；D 为待估宗地区域因素条件指数/比较案例宗地区域因素条件指数；E 为待估宗地个别因素条件指数/比较案例宗地个别因素条件指数。

（3）建筑物估价方法——成本法。成本法是假定存在一个潜在的购买者，重置一宗与待估房地产可以产生同等效用的房地产所需投入的合理费用。也应当是待估房地产价值的衡量标准，即是一种以建造房地产所需耗费的各项费用之和为主要依据，再加上一定的资金利息和计划利润，并扣除相应的折旧来确定房地产价格的估价方法。

成本法公式：估价对象价格＝房屋的重新购建价格−房屋的折旧+二次装修

净值

（七）估价计算及估价结果确定

1. 确定未设立法定优先受偿权利下的市场价值

（1）采用成本逼近法计算土地价格的过程。估价对象位于＊＊＊县良岗工业园，征地实例较多，按照相关土地管理法规定，结合宜春市颁布的各项文件，根据成本逼近法测算地价的步骤，其各项费用如下：

1）确定土地取得费 Ea。土地取得费指用地单位为取得土地使用权而支付的各项客观费用，该项费用主要包括征地费（含土地补偿费、安置补助费、青苗及附着物补偿费）。

首先，土地补偿费与安置补助费。根据《江西省人民政府关于公布全省征地统一年产值标准和区片综合地价的通知》（赣府字〔2010〕126 号）规定，《江西省县（市、区）分区域征地统一年产值标准》自 2011 年 3 月 1 日起开始实施，根据《江西省人民政府关于公布全省征地统一年产值标准和区片综合地价的通知》（赣府字〔2010〕126 号）规定，《江西省县（市、区）分区域征地统一年产值标准》自 2011 年 3 月 1 日起开始实施。

通知规定"新的征地补偿标准由土地补偿费和安置补助费两部分构成，不包含青苗补偿费、地上附着物补偿费和社会保障费用"。新的征地补偿标准公布后，各地要按照同地同价、协调平衡、公开透明的原则，实施征地补偿。在具体工作中，各地可根据本地实际情况，对补偿标准进行适当调整，但不得低于公布标准。对少数地区原实际补偿已高于新标准的，仍执行原来的标准，不得以执行新标准为由降低补偿标准；使用国有土地的，参照此次公布的标准执行。查＊＊＊县良岗统一年产值为 1400 元/亩，补偿倍数为 32.5 倍，由于待估宗地原为林地及其他农用地，其征收补偿修正系数不低于 0.35，本次评估取 0.35，故待估宗地统一年产值标准取＊＊＊县良岗统一年产值标准的 0.35 倍，即 490 元/亩，则土地补偿费与安置补助费合计为 23.89 元/平方米。

其次，青苗及附着物补偿费。根据《江西省实施〈中华人民共和国土地管理法〉办法》（2001 年 12 月 22 日起实施）中第 29 条规定："（一）被征用土地上的青苗补偿费按实际损失补偿，房屋、树木等附着物作价赔偿，也可以另行修建和栽种，在公布征地方案后抢种的树木和抢建的设施，不予补偿；（二）城市规划区内的房屋拆迁安置办法和补偿标准，按国家和省有关城市房屋拆迁的规定执行。"

根据《江西省实施〈中华人民共和国土地管理法〉办法》，青苗及附着物补偿费一般按实际损失补偿或前三年平均亩产值的 1~2 倍计，结合当地国土资源部门提供的该地区征地实际情况，综合对待估宗地所在区域近年来用地费用标准进行分析，＊＊＊县青苗补偿费及附着物补偿费一般按当地实际损失补偿或前三年平均亩产值的 2 倍计，根据江西省人民政府《关于公布全省新征地统一年产值标准和区片综合地价的通知》（赣府字〔2010〕126 号）规定，（自 2011 年 3 月 1 日起开始实施），查＊＊＊县良岗统一年产值为 1400 元/亩，补偿倍数为 32.5 倍，由于待估宗地原为林地及其他农用地，其征收补偿修正系数不低于 0.35，本次评估取 0.35，故待估宗地统一年产值标准取＊＊＊县良岗统一年产值标准的 0.35 倍，即 490 元/亩，本次评估中按 2 倍计算，则青苗及附着物补偿费为 1.47 元/平方米。

故土地取得费 Ea＝23.89＋1.47＝25.36 元/平方米

2）确定土地开发费 Ed。土地开发费是为使土地达到一定的开发建设条件而投入的各项客观费用，主要包括宗地内外的土地开发费用。根据＊＊＊县国土资源管理部门对新征收土地开发基础设施配套情况的调查和土地开发成本的测算，及我司估价人员实地查勘及委托方提供的资料和待估宗地的实际情况，区域内各项基础设施开发费用大致为：道路建设投资为 10 元/平方米，电力设施建设投资为 5 元/平方米，供水设施建设投资为 5 元/平方米，排水设施建设投资为 2 元/平方米，通信设施建设投资为 3 元/平方米，土地平整费用为 15 元/平方米，考虑待估宗地实际开发程度为宗地红线外"五通"（即通路、通电、供水、排水、通信）及宗地红线内场地内建有建筑物（熟地），综合确定待估宗地所在区域评估设定开发程度的土地开发费用为 40 元/平方米。

土地开发费

项目名称	通路	通电	供水	排水	通信	场地平整	合计
费用（元/平方米）	10	5	5	2	3	15	40

3）确定税费 T。根据有关税费主要包括土地管理费、耕地开垦费、耕地占用税、防洪保安资金等税费，具体计算如下。

首先，土地管理费。根据江西省物价局、江西省财政厅赣价费字〔1995〕25 号、赣财综字〔1995〕52 号"关于印发《江西省征地管理费暂行办法》的通知"规定，实行全包征地方式的，征用耕地 66.67 公顷以下、其他土地 133.34 公顷以下的，征地管理费按不超过 4% 收取。该区执行的是 3.8% 的标准。则：

土地管理费＝25.36×3.8%＝0.96 元/平方米

其次，耕地开垦费。根据《江西省实施〈中华人民共和国土地管理法〉》，耕地开垦费一般按前三年平均亩产值的 8~12 倍计算，本次评估按 8 倍计算，则为 5.88 元/平方米。

再次,耕地占用税。根据《江西省耕地占用税实施办法》(省政府第 170 号令)税额规定,宜春市***县耕地占用税按 22.5 元/平方米计收。

最后,防洪保安资金。根据江西省人民政府"江西省人民政府关于印发《江西省征集防洪保安资金暂行规定》的通知"(赣府发〔1995〕63 号)规定:城镇规划区内按每亩 1000 元征集,城镇规划区外按每亩 500 元征集。待估宗地位于规划区内,防洪保安资金按每亩 1000 元计征集,即防洪保安资金为:1.5 元/平方米。

故税费 T = 0.96+5.88+22.5+1.5 = 30.84 元/平方米

土地取得费及税费 = 25.36+30.84 = 56.20 元/平方米

宗地土地取得费详见下表:

宗地土地取得费及相关税费一览表(略)

4)确定利息 R1。根据待估宗地的规模及项目的特点,经调查确定土地开发周期为 2 年,根据中国人民银行于 2012 年 7 月公布的 1~3 年的固定资产贷款利息率 6.15%计,土地取得费及税费、土地开发费中,土地取得费及税费均为一次性投入,土地开发费为分期投入,这里土地开发费按平均投入计算,则:

投资利息 = 土地取得费及税费×[(1+6.15%)^2−1]+土地开发费×6.15%

　　　　 = 56.20×[(1+6.15%)^2−1]+33×6.15%

　　　　 = 9.59 元/平方米

5)确定利润 R2。投资利润是指把土地作为一种生产要素投入,以固定资产投入形式发挥作用,则投资利润应与行业投资回报相一致。投资利润应考虑以下因素综合确定:①行业投资回报水平及所处区域社会经济发展水平;②待估宗地实际利用方式。

经过调查,近几年来该地区投资工业用地的投资利润率为 5%~10%,因此,本次评估确定土地开发投资利润率为 5%。

投资利润 = (土地取得费及税费+土地开发费)×投资利润率

　　　　 = (56.20+40)×5%

　　　　 = 4.81 元/平方米

6)确定土地增值 R3。根据当地土地管理部门提供的资料,土地增值按成本价格(土地取得费及有关税费、土地开发费、投资利息、投资利润四项之和)的一定比率计算,调查该区域土地增值情况,土地用途为工业用地的土地增值收益率一般为 5%~15%,本次评估确定土地开发投资利润率为 10%。

土地增值 = (土地取得费及税费+土地开发费+投资利息+投资利润)×收益率

$$= （56.20+40+9.59+4.81） \times 5\%$$

$$=5.53 \text{ 元/平方米}$$

7）土地价格 V。根据成本逼近法公式，

V ＝土地取得费及税费＋土地开发费＋利息＋利润＋土地增值收益

$$=56.20+40+9.59+4.81+5.53$$

$$=116.13 \text{ 元/平方米}$$

8）价格修正与确定。主要包括以下两方面：

一是个别因素修正。根据待估宗地所在区域的位置及宗地的基础设施条件，取个别因素修正系数为1。

二是土地使用年期修正。成本逼近法求取的有限年期土地使用权价格年期修正公式为

$$K=1-1/（1+r）^n$$

其中，K 为年期修正系数；r 为土地还原利率；n 为土地使用年期。

注：r（土地还原利率）的求取是根据安全利率加风险调整值法：以一年期定期存款利率加上风险调整值作为土地还原利率（7%）。

根据委托方提供的《国有土地使用证》编号：＊＊＊县国用（2012）第＊＊＊号，土地使用权人为江西＊＊＊＊有限公司，座落为＊＊＊县良岗工业园，地类（用途）为工业，使用权类型为出让，终止日期为 2062 年 2 月 8 日。至估价时点，土地剩余使用年限为 48.63 年。

$$\text{委估宗地地价} =116.13 \times [1-1/（1+7\%）^{48.63}]$$

$$=112 \text{ 元/平方米}$$

（2）采用市场比较法计算土地价格的过程。通过调查分析，我们选择了与待估宗地条件类似的 3 个比较案例，具体选择原则和案例条件描述如下：

1）选择案例原则。与待估宗地用途相近；与待估宗地的交易类型相近；地处于同一地段；交易案例必须为正常交易或可修正为正常交易。

根据以上实例选择原则，通过对估价对象所处土地供需圈进行调查分析，我们选择了与估价对象同处于＊＊＊县良岗工业园区土地供需圈、用途相近、交易类型相似、与估价基准相差一年以内的 3 个正常交易可比实例，各实例条件描述如下：

案例 A：＊＊＊县凯扬陶瓷发展有限公司用地

该地块位于＊＊＊县良岗工业园，规划用途为工业用地，用地面积为 95.343亩，土地使用权年限为 50 年，宗地临交通型干道工业大道，基础设施开发程度为宗地外"五通"（即通路、通电、供水、排水、通信）、红线内场地未平整，交易日期为 2013 年 5 月 6 日，成交价格为 4 万元/亩（折合 60 元/平方米）。

案例 B：*县恒峰室内装饰材料有限公司用地**

该地块位于***县良岗工业园，规划用途为工业用地，用地面积为9.785亩，土地使用权年限为50年，宗地临交通型干道工业大道，基础设施开发程度为宗地外"五通"（即通路、通电、供水、排水、通信）、红线内场地未平整，交易日期为2013年6月18日，成交价格为4.09万元/亩（折合61元/平方米）。

案例 C：*县敏鑫矿产品有限公司用地**

该地块位于***县良岗工业园，规划用途为工业用地，用地面积为15.098亩，土地使用权年限为50年，宗地临交通型干道工业大道，基础设施开发程度为宗地外"五通"（即通路、通电、供水、排水、通信）、红线内场地未平整，交易日期为2013年6月19日，成交价格为4.04万元/亩（折合61元/平方米）。

2）估价对象与比较案例的因素条件详述见下表。

比较案例状况一览表

因素＼案例	估价对象	实例 A	实例 B	实例 C
地理位置	***县良岗工业园	***县良岗工业园	***县良岗工业园	***县良岗工业园
竞得人	江西****有限公司	***县凯扬陶瓷发展有限公司	***县恒峰室内装饰材料有限公司	***县敏鑫矿产品有限公司
土地用途	工业用地	工业用地	工业用地	工业用地
使用权面积（亩）	220.812	95.343	9.785	15.098
交易类型	挂牌出让	挂牌出让	挂牌出让	挂牌出让
主要规划条件	—	容积率：1~1.2	容积率：1~1.5	容积率：1~1.2
交易情况	求正常市场价值	正常交易	正常交易	正常交易
交易日期	求评估基准日 2013年7月4日正常市价	2013-5-6	2013-6-18	2013-6-19
成交价格（元/平方米）	—	60	61	61

资料来源：中国土地市场网（http://www.landchina.com/）。

3）比较因素的选择。根据估价对象的宗地条件，影响估价对象价格的主要因素有：①交易时间：确定地价指数。②交易情况：是否正常、公开、公平、自愿的交易。③区域因素：主要有工业用地类型、距火车站距离、距长途汽车站距离、距港口码头距离、区域外联道路类型、区域外联道路级别、区域供水设施状况、区域排水设施状况、区域供电设施状况、产业聚集效益、环境质量优劣度、距邻近商服中心距离、距离公交站点距离、周围土地利用状况、区域交通管制、宗地面积、宗地形状、宗地临街等。④个别因素：主要指宗地面积、宗地形状、宗地临路等级、宗地临路位置等。

4）比较因素的说明。我们对待估宗地和比较实例所在地块进行了实地勘察通过口头咨询、查阅交通地图、网上资料等途径详细了解待估宗地和比较实例的各种情况，有比较、有选择地调查了待估宗地和比较实例的各比较因素条件，并据此编制了待估宗地及比较实例和各因素条件说明表。

待估宗地与比较实例因素条件说明表

可比因素 / 可比实例	待估宗地	实例 A	实例 B	实例 C
交易价格（元/平方米）	—	60	61	61
土地用途	工业用地	工业用地	工业用地	工业用地
交易时间		2013-5-6	2013-6-18	2013-6-19
交易情况	正常	正常	正常	正常
交易类型	—	挂牌出让	挂牌出让	挂牌出让
使用年期	48.63 年	50 年	50 年	50 年
	工业用地类型	大型工业园	大型工业园	大型工业园	大型工业园
	距火车站距离	>5500 米	>5500 米	>5500 米	>5500 米
	距长途汽车站距离	>5500 米	>5500 米	>5500 米	>5500 米
	距港口码头距离	>5500 米	>5500 米	>5500 米	>5500 米
	区域外联道路类型	交通型干道	交通型干道	交通型干道	交通型干道
	区域外联道路级别	红线宽 20 米	红线宽 20 米	红线宽 20 米	红线宽 20 米
区域因素	区域供水设施状况（定级分值）	60~80	60~80	60~80	60~80
	区域排水设施状况（定级分值）	60~80	60~80	60~80	60~80
	区域供电设施状况（定级分值）	60~80	60~80	60~80	60~80
	产业聚集效益	大规模集中连片	大规模集中连片	大规模集中连片	大规模集中连片
	环境质量优劣度（定级分值）	60~80	60~80	60~80	60~80
	距邻近商服中心距离	>2800 米	>2800 米	>2800 米	>2800 米
	距离公交站点距离	>401 米	>401 米	>401 米	>401 米
	周围土地利用状况	工业用地	工业用地	工业用地	工业用地
	区域交通管制	无限制	无限制	无限制	无限制

续表

可比因素 \ 可比实例	待估宗地	实例A	实例B	实例C
宗地面积	对土地利用有利	对土地利用较为有利	对土地利用无明显影响	对土地利用无明显影响
宗地形状	梯形、近长方形	梯形、近长方形	梯形、近长方形	梯形、近长方形
宗地临街等级	10~20米	10~20米	10~20米	10~20米
宗地临路位置	一面临街	一面临街	一面临街	一面临街

（个别因素）

5）编制比较因素条件指数表。将各比较实例和待估宗地间的各种差别量化，然后反映到地价水平的差别上，与待估宗地和比较实例的各种比较因素条件转化为可比的定量条件指数。在确定各种因素条件差别量化标准时，首先依据各因素条件对地价的影响度分析，然后根据估价师对当地土地市场的分析和研究，结合机构内部和估价师的经验来确定待估宗地和比较实例的各种因素条件指数。以待估宗地的各因素条件为基础，相应指数为100，将比较实例相应因素条件与待宗地相比较，确定相应指数，编制因素条件指数表。具体如下：

Ⅰ．待估宗地与三个案例的土地用途、交易情况、交易类型等条件均一致，故对以上因素均不作修正。

Ⅱ．交易期日。由于待估宗地的估价期日与本次估价所选择的比较案例不超过3年，均在2013年5月至6月，与估价基准日相接近，区域内近几年工业用地成交价格较为稳定无变化，工业用地市场稳定，故交易期日条件指数均为100。

Ⅲ．使用年期修正指数按下面方法确定：

$$K = [1-1/(1+R)M]/[1-1/(1+R)N]$$

其中，M为此次待估宗地设定的使用年限；N为比较宗地的使用年限；R为土地还原利率（根据调查赣州市有关资料，目前该地区的土地投资存在一定风险，故在选取土地还原利率时取中国人民银行公布的固定资产一年期存款利息率以及结合土地投资风险情况，综合考虑确定此次估价的土地还原利率为7%）。

本次评估中，根据估价基准日时中国人民银行公布的一年期（含一年）存款利率3%，确定安全利率3%；同时，根据考虑***县目前的社会经济发展及土地市场状况，确定风险调整值为4%。所以：

土地还原利率＝安全利率＋风险调整值＝3%＋4%＝7%

土地使用年限确定：根据委托方提供的《国有土地使用证》编号：***县国用（2012）第****号，土地使用权人为江西****有限公司，座落为***

县良岗工业园，地类（用途）为工业，使用权类型为出让，终止日期 2062 年 2 月 8 日。至估价时点，土地剩余使用年限为 48.63 年。

则 $K = [1-1(1+7\%)^{48.63}]/[1-1/(1+7\%)^{50}] = 99.65$

Ⅳ. 区域因素修正系数（略）。

Ⅴ. 个别因素。

ⅰ. 宗地面积：分为对土地利用有利、对土地利用较为有利、对土地利用无明显影响、对无利用有一定影响、对土地利用有严重影响五个等级，以待估宗地的等级为 100，每相差一个等级修正 2%。

待估宗地宗地面积为 220.812 亩，面积较大，土地利用有利，比较案例宗地 A 面积 95.343 亩，宗地面积较适中，对土地利用较为有利，比较案例 B、C 分别为 9.785 亩、15.098 亩，面积偏小，对土地利用无明显影响，比较案例较待估宗地相比宗地面积修正 98、96、96。

ⅱ. 宗地形状：分为正、长方形，梯形、近长方形，其他不规则形状三个等级，以待估宗地的等级为 100，每相差一个等级修正 2%。

待估宗地形状近长方形，比较案例均为梯形、近长方形，形状较规则，因此无需对宗地形状进行修正。

ⅲ. 宗地临路等级：分为 >20 米、10~20 米、7~10 米、<7 米四个等级，以待估宗地的等级为 100，每相差一个等级修正 2%。

待估宗地所临工业大道，道路等级距均为 10~20 米因此无需对道路等级进行修正。

ⅳ. 宗地临路位置：分为三面临街、两面临街、一面临街、不临街四个等级，以待估宗地的等级为 100，每相差一个等级修正 2%。

待估宗地与比较案例临街面均为一面临街，因此无须对宗地临路位置进行修正。

6）因素修正。在各因素条件的基础上，进行比较实例各影响因素修正，将待估宗地的因素条件指数与比较实例的因素条件指数进行比较，得到各因素修正系数表，将比较实例的交易价格依次乘以各比较因素的修正系数，求算各比较实例价格进行简单算术平均后得到运用市场比较法测算的比准价格，见待估宗地比较修正系数表（略）。

上述修正过程及计算结果均仅考虑待估宗地与比较实例均达到宗地外"五通"条件。而实际中，根据估价人员现场查勘，待估宗地内也进行了开发建设，实际开发程度为宗地内"五通一平"（即通路、通电、供水、排水、通信，场地平整），故评估时还应考虑其宗地内开发建设之投入。根据我司估价人员经验及参考市场同类土地宗地内开发平均费用，本次评估取其宗地内土地开发成本费用为 30 元/平方米。故宗地评估价格＝比准价格+宗地内土地开发成本＝92 元/平方米。

（3）地价的确定。根据《城镇土地估价规程》、估价目的及估价对象的具体情况，本次估价选用成本逼近法和市场比较法两种方法进行地价测算，成本逼近法测算结果为 112 元/平方米，市场比较法测算结果为 92 元/平方米。

成本逼近法中的相关费用标准是在区域内大量调查所得；市场比较法中所选的比较案例均为市场公开成交案例，价格真实可靠，结果客观可信。如上述，两种评估方法所测算结果均具有较高可信度，故本次评估最终以简单平均数确定其最终评估价值。评估取值如下表（略）。

（4）采用成本法计算房屋价值的过程。具体如下：

1）房屋开发成本。包括以下五项：

一是勘察设计和前期工程费。前期工程费主要包括开发项目前期市场调查、可行性研究、环境影响评价、建设工程招投标、施工的三通一平及临时用房等，勘察设计费主要包括工程勘察、规划及建筑设计等。根据我司估价人员的市场调研，目前＊＊＊县新世纪工业城类似工业物业的勘察设计和前期工程费约为 60 元/平方米，故本次评估确定估价对象的勘察设计和前期工程费为 60 元/平方米。

二是房屋建筑安装工程费用。建筑安装工程费包括建造房屋所发生的土建工程费用、安装工程费用、装饰工程费用等。

依据《江西省建筑工程消耗量定额及统一基价表》《江西省建筑安装工程费用定额》《江西省装饰装修工程综合定额》，参考江西省造价信息的记载及＊＊＊县同类型建筑技术经济指标及相关市场行情，确定本次估价的厂房的建筑安装工程费用为 1025 元/平方米。

三是基础设施配套费。主要包括城市规划要求配套的道路、给/排水、通电、通信、燃气、供热等设施的建设费用。根据我司估价人员的市场调研，目前＊＊＊县新世纪工业城基础设施配套费约为 120 元/平方米，故本次评估确定估价对象的基础设施配套为 120 元/平方米。

四是公共配套设施建设费。包括城市规划要求配套的教育（如幼儿园）、医疗卫生（如医院）、文化体育（如文化活动中心）、社区服务（如居委会）、市政公用（如公共厕所）等非营业性设施的建设费用。考虑到委估物业为工业物业，厂区内的物业均已办理《房屋所有权证》且厂区内不存在以上配套设施，故本次评估确定项目的公共配套设施建设费为 0 元/平方米。

五是规费。主要为项目建设过程中按有关规定必须缴纳建筑规费，主要包括教育附加费、人防结建费、新型墙体材料费、粉煤灰排灰费、散装水泥专项资金、市政公用设施配套费、工程质量监督费、施管费、工程定额测定费、白蚁防治费、建筑噪声排污费、环境检测费、防雷装置费、验收检测费等。根据我司估价人员的市场调查，＊＊＊县工业物业的建筑规费约为 65 元/平方米。

房屋开发成本主要为前期工程费用、房屋建安工程费、基础设施配套费用、公共配套设施建设费、规费之和，通过以上 A、B、C、D、E 项计算，可知房屋开发成本如下表：

<h3 style="text-align:center">房屋开发成本统计表</h3>

单位：元/平方米

物业名称	前期工程费	建安工程费用	基础设施配套费用	公共配套设施建设费	规费	合计
厂房	60	1025	120	0	65	1270

2）管理费。为支付给员工工资、社会保险、出差费用和办公费、建筑物修理费等费用，此项费用一般按房屋开发成本之和的 1%~3% 计算。本次评估以房屋开发成本的 3% 来测算其管理费用，则

$$管理费用 = 房屋开发成本 \times 3\%$$
$$= 1270 \times 3\% = 38.1 \text{ 元/平方米}$$

3）销售费用。销售费用包括广告及代理费等，参考目前 ＊＊＊县房地产开发项目的标准和同类房地产项目的具体情况，取销售费用为总售价的 3%，即销售费用为 0.03V。

4）投资利息。参照目前 ＊＊＊县房地产市场上同类建筑工程的施工进度和经验，结合项目的可行性研究、项目规模、工程技术等要求，综合确定整个项目的开发建设周期为 1 年。

投资利息率依据中国人民银行 2011 年 7 月公布的 0.5~1 年的贷款利息率为 6.56%，按单利计算。

$$资金利息 = （土地取得费用 + 房屋开发成本 + 管理费用 + 销售费用） \times 6.56\%/2$$

则办公楼资金利息 $= （1270 + 38.1 + 0.03V） \times 6.56\%/2$
$$= 42.9 + 0.000984V$$

厨房、门卫室及其他资金利息 $=（土地取得费用 + 房屋开发成本 + 管理费用 + 销售费用） \times 6.56\%/2$

5）开发利润。开发利润是指地产开发企业的利润。以当地房地产开发的一般水平为基础，并参考项目所在区域房地产盈利水平具体情况确定。成本利润

率一般为开发成本、管理费用、销售费用和资金利息的 10%～25%，考虑估价对象的具体情况，本次评估取 15%。

开发利润＝（开发成本＋管理费用＋销售费用＋资金利息）×成本利润率

则开发利润＝（1270+38.1+0.03V+42.9+0.000984V）×15%

$$=202.65+0.0046476V$$

6）销售税金。销售税金是指预售或销售开发完成后的房地产应由卖方缴纳的税费，一般包括营业税、城市维护建设税和教育费附加、印花税等，根据相关的税费标准销售税金一般为房屋销售总值的 5.6%，即销售税金为 0.056V。

7）房屋的重置价值。房屋的重置价格为房屋开发成本、管理费用、销售费用、投资利息、开发利润、销售税金之和。

则厂房的重置价格

$$V=1270+38.1+0.03V+42.9+0.000984V+202.65+0.0046476V+0.056V$$

$$=1553.65+0.0916316V$$

即重置价格 V = 1710 元/平方米（取整）

8）房屋应提折旧。房屋折旧主要是指房屋因时间经过所造成的损耗，主要包括物业折旧、功能折旧、经济折旧。

根据委托方领勘人口述，涉及本次估价的建筑物建成于 2005 年。根据现场查勘及委托方的《房屋所有权证》，本次评估的建筑物结构为钢架结构。

根据中华人民共和国国家标准《房地产估价规范》（GB/T50291—1999），钢架结构的残值率为 0，钢混结构生产用房耐用年限一般为 50 年，估价对象建成于 2005 年，至估价时点已使用 7 年，按照直线法其成新率约为 86%。根据现场查勘，办公楼、车间及宿舍使用正常，但估价对象综合维护程度一般，建筑物外墙及门窗等均有一定程度的旧化。因此本次评估采用直线法及成新折扣法综合确定估价对象建筑物成新率为 70%，即折旧率为 30%。

则房屋应提折旧＝重置价格×30%＝1710 元/平方米×30%＝513 元/平方米

9）二次装修净值。考虑估价对象的工业厂房未进行二次装修，而办公楼虽然进行了简单的装修，但是装修年代较久，二次装修成新率低，故本次评估二次装修净值取零。

10）房屋建筑成本。房屋建筑成本价＝建筑物重新购建价－应计提折旧＋二次装修净值

则成本价＝1710−513+0＝1197 元/平方米

厂房成本价格表（略）

2. 在确定物业的评估价格时，考虑的因素有（略）

3. 确定法定优先受偿款数额

　　根据委托方提供的资料及估价师的调查，委估对象已交付使用多年，不存在法定优先受偿款。即抵押价值等于评估的市场价值。

　　4. 确定土地使用权为出让条件下的房地产抵押价值

　　房地产抵押价值＝未设立法定优先受偿权利下的市场价值－法定优先受偿款数额＝113055081元

（八）估价结果确定

　　经过市场调查和实地查勘，《中华人民共和国城市房地产管理法》《房地产估价规范》《房地产抵押估价指导意见》相关法规，遵循估价原则，按照估价程序，根据估价目的，结合估价师的经验，工业用地采用成本逼近法及市场比较法进行测算、建筑物采用成本法进行测算，在综合分析影响估价对象房地产价格因素的基础上考虑委估物业法定优先受偿款（包括发包人拖欠承包人的建筑工程价款、已抵押担保的债权数额以及其他法定优先受偿款），测算出估价对象在2013年7月4日的抵押价值为¥113055081元，大写人民币：壹亿壹仟叁佰零伍万伍仟零捌拾壹元整。其中土地价值为¥15015291元，地上建筑物价值为¥98039790元。

六、附件

（一）物业位置图

（二）物业照片

（三）《评估委托书》

（四）物业产权资料

（五）注册房地产估价师资格证书

（六）房地产评估机构资质证书

（七）评估企业营业执照

后记 AFTERWORD

很早就想编写一本不动产评估教程，不是因为自己能写得更好，其实市场上不动产（房地产）评估教程很多，也很好，而是想编写一本自认为有特色的。自己博士毕业之后一直从事经济学的教学研究工作，同时承担学院的资产评估研究生教学和指导硕士生的工作，先后担任学院的资产评估专业硕士导师组组长和资产评估研究中心主任职务。我在 2009 年取得了中国注册房地产估价师资格证，在实务中也磨炼过一段时间。在学校主要从事理论研究，资产评估如何和经济学相结合，常成为自己心中的疑问，也经常和同事以及资产评估业界的评估专家交流。当然，答案不尽相同，但是自己受益匪浅。

很想从经济学的视角对不动产评估的相关理论方法进行诠释。同时，最近对机器学习方法特别好奇，尤其是感受到深度学习在人工智能方面的突破性贡献，很想利用深度学习方法来提高不动产批量评估的效率和准确性。这就是我自认为的这本不动产评估教材可能的特色。

在写作过程中，我试图省略那些在别的教材和规范中已经成熟的论述，尽量以简洁明了的方式来表述相关理论方法，并尽量结合经济学的理论，对不动产评估的核心理论方法做一些解释。希望本书能够为读者带来一些新的洞见，同时为读者提供一些新的视野，特别是现在人工智能技术在不动产评估可能的应用。

在写作过程中，我得到了很多人的帮助，非常感谢他们。本教材的部分内容来自经济学院资产评估研究生的课程讲义，同时我的研究生也参与了本教材的资料收集、数据整理、代码整理、习题设计工作以及部分初稿的编写，他们分别是何雨昆、李鸿桦、瞿天舒、付莹、许凌峰、闵皓。本教材的内容和习题参考了很多已经出版的优秀教程，但没有一一指出。当然，本人对全书内容负责。此外，也要感谢同事余炳文副教授对案例写作的指导和帮助。同时，没有学院领导对我的关心和家人的支持，本书也不可能付梓。

李国民

2020 年 8 月